中村天風

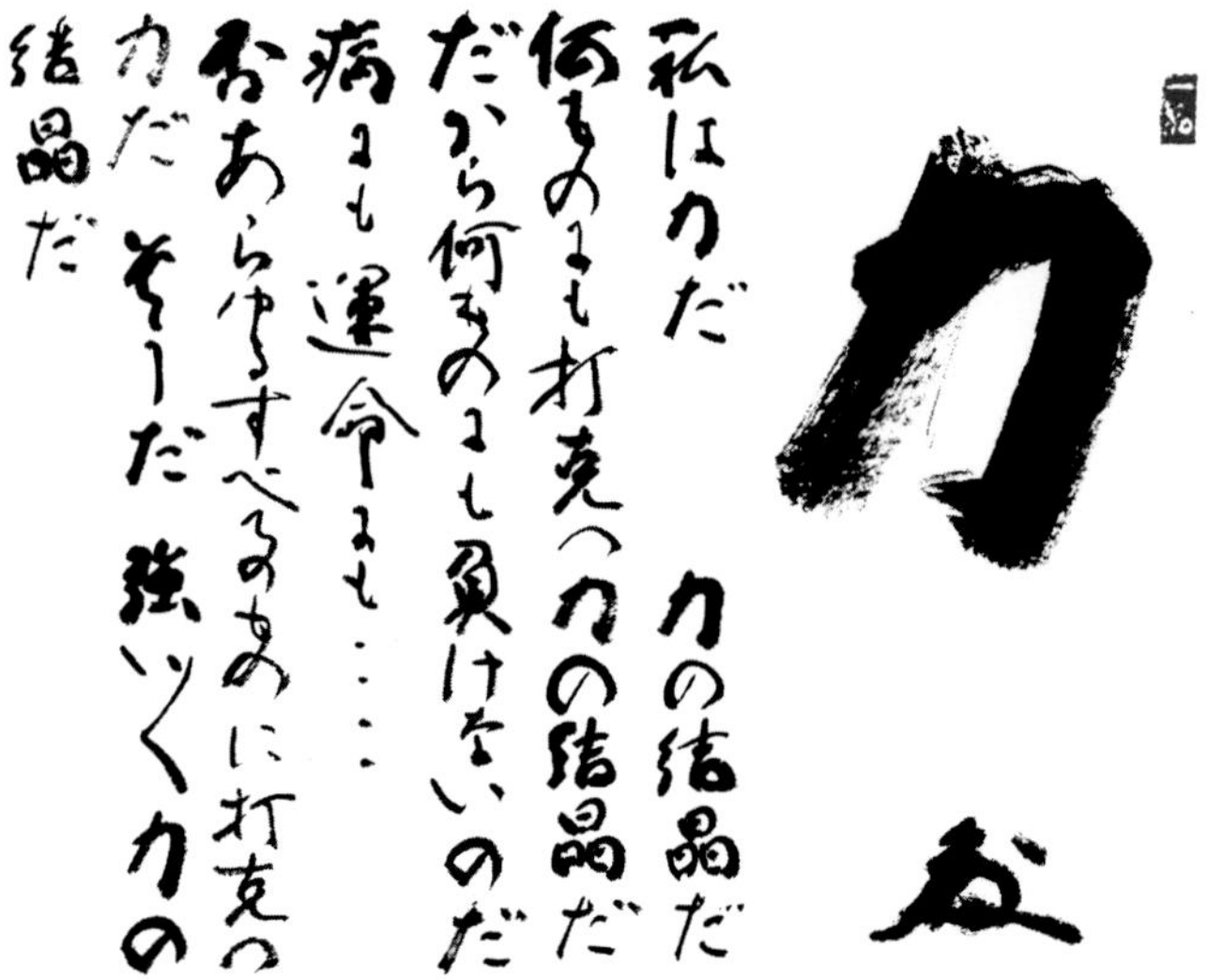
力
私は力だ　力の結晶だ
何ものにも打克つ力の結晶だ
だから何ものにも負けないのだ
病にも　運命にも……
あらゆるすべてのものに打克つ
力だ　そうだ　強い力の
結晶だ

「力の誦句」

「まえがき」

中村天風財団では、これまで中村天風の講演テープを書籍化して参りましたが、今回、『幸福なる人生』（講習会編）、『心を磨く』（研修科編）に続く第三弾として、『力の結晶』（夏期修練会編）を刊行するに至りました。

この書籍に収録されている内容は、中村天風が最も力を注いだと言っても過言ではない夏期修練会において、自らその命を懸けて悟り得た宇宙真理を説き、人間に与えられた霊性を我々に自覚させるために行われた真理瞑想の数々であります。

各タイトルは、

1. 甦えりの誦句《しょうく》（朝旦偈辞《ちょうたんげじ》）
2. 力の誦句
3. 思考作用の誦句
4. 人間本質自覚の誦句
5. 言葉の誦句

6. 大偈《たいげ》の辞
7. 運命の誦句
8. 統一箴言《しんげん》
9. 信念の誦句
10. 坐右箴言
11. 勇気の誦句
12. 想像力の誦句、理想の誦句

以上の12点です。

これらの真理瞑想行が行われた夏期修練会は、中村天風が「人生を完全に活きようとする目的を達成するために、長年にわたり研究しかつ体験したものを根底として組み立てた特別な企画」であり、「命の『力』を充実させて完全な人生に活きられる方法を、最も効果的に最も速攻性をもって現実に育成するのがこの夏期修練会である」と、断言しておられるのです。

現代の文明社会ではつい忘れられがちですが、人間とは、自然の中に自然の力からその命を与えられた自然の一部である存在です。そして人間の体を生かしている力もまた、細胞や神経系統などの生まれながらに備わっている自然による力に他なりません。もちろん最先端医学による人工臓器の力などにより永らえる命もありますが、それはあくまでも自然を模倣したものであり、機械で作られたロボットは当然自然治癒力も免疫力もなく、自己再生能力はありません。人間とはそのような人工物ではないのです。

天風先生は、人間は宇宙をはじめ万物の一切を存在させている絶大な力をもつ根源のエネルギーの分派であり、いわゆる「気」であると喝破《かつぱ》されておられます。したがって、我々の個別の生命の中にも、同じ働きをする「自然の力」が備わっており、その素晴らしい霊妙な力を「霊性」と称しておられるのです。

つまり、人間は自分自身の生命の中にある「自然の力」すなわち「霊性」を自覚することにより、その力を発揮して誰もが完全な人生を建設することができるのです。そのための道標《みちしるべ》が「心身統一法」で示されており、皆さんもすでにさまざまな学びを受けられていることと思います。

まず、本財団で行っている定例の「講習会」は、「霊性感覚への理解」といういわば天風哲学入門へのアプローチです。「心身統一法」の基本的な行法である「観念要素の更改法」「積極観念の養成法」「神経反射の調節法」など、現実的な効果を実感しやすい具体的な実践方法を教示するものです。

次に「研修科」といって、かつては講習会の最終日に「霊性心と身体の関係」の理解を深めるための理論的な講義が、天風先生により行われていました。その内容は『心を磨く』（研修科編）に収められています。

そして、最終的に「霊性の自覚と深化」を目的とした「修練会」が、霊性発現の力を実際に自分の身体を使って実験、つまり実際に体験する場として設けられているのです。

このように、「講習会」「研修科」「修練会」と組織立てて「心身統一法」を学ぶことにより、深山幽谷に籠もって厳しい修行をする必要はなく、普通の人間が普通の生活をしながら完全な人生を活きることができるようになるのです。

その夏期修練会で、天風先生は「誦句《しょうく》」という悟りの真髄を詞として我々に与えてくださっており、その悟りに至る筋道を説かれたのが「真理瞑想行」であります。

それぞれの誦句の根底に流れる真理は、端的に言えば「人間というものには、老若男女の別なく、その生命の中に健康も、運命も自由に獲得し、また開拓し得る誠に感謝に値する偉大な力が与えられてあり、ここに人間の価値の真正さがある」という「自己認証」であり、その力を発揮させるためには心の置き所、つまり「人生どんな困難に陥《おちい》ろうとも、その心は断固として積極的に把持《はじ》しなければならないというのが、人間に与えられた宇宙真理である」と説かれているのです。そのためには、できる限り「明るく」「朗らかに」「活き活きとした勇ましさ」で人生に活きることであると教えておられます。

このたいへん具体的で分かりやすい教えの背景には、実は、天風先生が病の身を抱えてヒマラヤの大自然の中にその身を委《ゆだ》ね、ヨーガの聖者であるカリアッパ師の厳しい指導のもと瞑想を重ね、やがて自分はこの大自然の一部であると感得し「私は力だ！」と悟られた生命観と、その大自然を作り出した宇宙根源の偉大な力にまで至る壮大なる宇宙観の裏付けがあるのです。

ここに、単に相対的に人間の力を前向きに捉え、プラス思考で困難を克服しようとする現在意識での対症法とは異なり、人間は本来自然物であり、自然そのものの宇宙エネルギーの分派であるという本質的な力を悟らせようとする、「真理瞑想」という行修を行う所以《ゆえん》があるのです。

したがって真理瞑想行を受けるにあたっては、単にその真理を頭で理解し知識を増やして満足するのではなく、与えられた真理を潜在意識に強く深く浸透させなければなりません。そのためには精神を統一して、無心の状態で聴く必要があります。

その状態を作るのが、天風式座禅法といわれる「安定打坐法《あんじょうだざほう》」です。天風先生は、安定打坐法は、「自己の霊性の自覚ということを現実にするために、特に夏期修練会において無我無念の心境を会得《えとく》するために実践させるもの」であり、「霊性の自覚法として最も適切な効果ある方法である」、と言っておられます。

雑念妄念を完全に排除し、純一無雑の心境である安定打坐の状態で真理瞑想行を受けることにより、天風先生の悟られた真理を、同じように心が感応して追体験することができるのです。ですから、この『力の結晶』を読まれる際には、やはり静穏な心の状態で読まれることをお勧めいたします。

真理瞑想行はともすれば哲学的な難しい内容のように思われがちですが、天風先生の説かれる真理は、深くこそあれ、あくまでも現実の世界での現実的解決を促すものであり、決して形而《けいじ》上《じょう》学的な難しい理論ではありません。

ときに天風先生の江戸っ子らしいべらんめえ口調が聞かれたり、くすっと笑えるようなユーモアや皮肉がちりばめられた、思わず引き込まれてしまう語り口で、人生の貴重なヒントが自ずと心に入ってくるのです。

深遠なる人生哲学を楽しく日常において学ぶことのできる幸せを感謝しつつ、是非皆様にもこの書籍『力の結晶』を深く味わっていただけたらと願っております。

二〇二〇年三月

中村天風財団理事長　大久保信彦

力の結晶

目次

本領の発揮と本分の実践

第一章　甦えりの誦句《しようく》（朝旦偈辞《ちようたんげじ》）――昭和三十一年（一九五六年）　神戸

第二章　力の誦句——昭和四十二年（一九六七年）京都

何ものにも打ち克つ〝力の結晶〟

第五章　言葉の誦句――昭和三十七年（一九六二年）京都

かりそめにも、わが舌に悪を語らせまい

第六章　大《たい》偈《げ》の辞 —— 昭和四十二年（一九六七年）　京都

誠と愛と調和した気持ち

第七章　運命の誦句

昭和三十七年（一九六二年）京都

〝感謝と歓喜の感情〟が運命をひらく

第十章　坐右箴言――昭和四十三年（一九六八年）京都

一切の苦しみをも〝たのしみ〟となす

第十一章　勇気の誦句――昭和三十九年（一九六四年）　京都

終始一貫、勇気勇気で押し切るのだ

第十二章　想像力の誦句、理想の誦句——昭和三十九年（一九六四年）　京都

高級なる想像と気高い理想

装幀　芦澤泰偉
写真提供　公益財団法人天風会

昭和三十一年（一九五六年）神戸

本領の発揮と本分の実践

第一章　甦えりの誦句《しょうく》（朝旦偈辞《ちょうたんげじ》）

真理を魂につぎ込む

今日から十一日間、朝の修行のとき、「真理瞑想行」というのをやります。

この真理瞑想行という行は、諸君の人生に対して厳格な自覚と反省とを促す目的で行われるのです。

諸君は遺憾《いかん》ながら自分の人生に対して厳格な自覚と反省とを持たずして、この人生に生きている場合のほうが多い。

病のとき病を気にしたり、運命にこだわっている生き方は、結局厳格な自覚と反省とをおろそかにしている結果に生ずる心の現象だ。

万物の霊長たる人間に生まれたお互いは、生きている瞬間瞬間の刹那《せつな》を、その真本領を発揮して生きない限りにおいて人生は生き甲斐がない。

その真本領を発揮するのには、心身の統一だということも講習会で飽きるほど聞かれている。

そしてこの心身統一法の一番の基礎的なものは何だと言や、心というものをどんな場合があっても、消極的にしないことだということも飽きるほど聞いてる。

しかしそれは、聞かされると同時に方法は教わっていても、一番根本のそれに関する悟りがひらけていないと、せっかく教わったとしても、ただ教わったままの方法を技巧的に行うだけになる。

理解はもとより、心からピンボケになってしまってる。

そういう人に限って、病のときに病を気にしたり、運命としょっちゅう取っ組んで組み敷かれている人なんだよ。

だから、この真理瞑想行という特別の行を行わせしめて、お互いのおそらく誰でもが、まだ完全に理解していないであろうところの、人間の心と命との関係を、それから同時に、その命をつくってくれた造り主である大きな力の根本との関係を正しく諸君に自覚せしめて、そしてその自覚を基として刹那刹那に価値の高い人生に生かさせようというのがこの行の目的だ。

本当はこういうやり方じゃないんだ。

ある問題をあなた方に与えて、それを考えさせて、立派な考え方が間違いなくできたら次の問題を与えると。私のやったのはそういうやり方なんだ。

例えば、最初、「人間の命とはなんだ」、あるいは「人間の命の持っている大きなありがたい点は何だ」とか。「どこに万物の霊長たる点があるんだ」とかというようなことを問題でもらう。

これは私でも一年以上考えていた問題もある。まあ中には一週間ぐらいで考えついたのもありますけれど。

だからあなた方だって、今まで全然人生というものを考えなかった人のほうが多いだろうから、そういう人は、問題を与えてたんじゃとても十三日（註：当時の修練会日数が十三日間）どころか一年、二年、ぶっ通しで修練会やったって、気がつくまいから。

そこで手っ取り早く安定打坐法《あんじようだざほう》を行わせしめて、心の中の雑念妄念を取り除いた、この現在のようなきれいな気持ちになっているときに、直接に私の悟った真理をあなた方の魂につぎ込もうというのがこの真理瞑想行の計画であります。

つまり、悟るとか、良い自覚ができたとかというようなことは、真理を受け取るときのその人の心の条件というものが完全に備わっていなきゃ、できないこれは計画だ。

本当のことを言うと、あなた方はしょっちゅう真理の中に生きているんだぜ。

だから真理に絶えず接触しているんだけれど、そいつを感覚的に感じないものだから、正しい自覚でもって自分の心に捉えられないのは、雑念妄念が浅間山の煙の如く、しょっちゅう心の中に湧きたっているからなんだ。

ところが、こういうふうに安定打坐すると、刹那もしくは次第に雑念妄念が減る、あるいはなくなってくる。

すると自然とその心は、自分で用意をしなくても、心それ自体が真理と取り組んでいこうとする傾向になるんだ。

これにまたありがたい点があるわけだな、人間の。

だから、非常な大きな努力を行うことなしに、諸君の心は真理で満たされるようになる。

だからいっそ、安定打坐を行いながら、私の声とあなた方の命が一緒になるような気持ちで聞いていてごらん。

それがすぐあなた方の魂のものになるから。

形ある宇宙の前に、既に形のない宇宙があった

さて、そこで第一に知らなきゃならないのは、人間の命に生まれながら与えられた生きる力に対する法則だ。

自分の命の中に与えられた力の法則というものを正しく理解して、そして人生に生きる人は、真に限りなき強さと喜びと沈着とそして平和とが、人生に、つくろうと思わなくてもできあがってくるようにできている。

だからそれを一番先に我々は知らなきゃいけない。

ただ、我々の多くは今まで、はっきりそうとは気がつかなくても、こうしたことを求めていたのには違いないが、求めてもどうしても、それを正しく自分の心にキャッチせしめることができなかった。

それはなぜかというと、我々の今まで受けた教育が科学的の方面にのみ偏ったものであったがためなんだ。

1＋1＝2という、デフィニティブ（definitive＝決定論的な）なやり方で我々は教養された結果として、論理思索を主観的に進めていこうとする計画にいつも失敗しているのであります。

とりわけて我々の心があることを考え始めたときに、どこまでが考えている心で、どこまでが

考えられている心だという区別がつかない。科学教養を受けた人間には。

一言にして言えば、哲学的思索に慣れていない。

それがために自分の生まれながらに与えられた生命の力に対する法則のごときは、本当から言ったら、本能的に知っておるべきはずの事柄だが、それがわからずにいるのであります。

そこで順序からいけば、第一にこういうことからあなた方は知っておかなきゃいけない。

この宇宙というものは人間がつくったものじゃない。

同時に我々人間ならびにありとあらゆるすべての生物は、宇宙ができて宇宙がつくったんじゃない。

これがはっきりわからなきゃ駄目なんだよ。

宗教のほうには唯神論と汎神論というのがある。

唯神論というのは、はじめに神様というものがいて、その神様というものがこの宇宙をつくったんだと。

それから汎神論のほうは、宇宙ができてから、その中に神様が現れたんだと。

どっちも神様相手に考えようとする考え方ですが。これは今のようにまだ科学が完全に発達しなかった時代の人間としては無理からぬ考え方。

だからいつも私言ってるだろう？

これから千年、二千年も経つと今あるがごとき宗教はみんなこの地上から姿を消しちまうと。

人間の理智が、既成宗教のごときに頼って生きなきゃ生きられないような、憐れな無自覚なものでなくなるからだと。

純粋哲学の立場から厳《おごそ》かに観察すると、この宇宙というものは、形ある宇宙の前に、もう既に形のない宇宙があったんだということから、真理の探究というものが行われなきゃいけないんであります。

神だとか仏だなんていうのは、人間が便宜上つけた名前だから、こういうものにとらわれちゃいけない。

抽象的であり、あまりにも漠然たるものを相手に、いや、神だ仏だとあなた方は思ってるが、それじゃあ、神とはどんなもんだと聞かれたら、何て説明する？　仏とはどんなものだと言や、なんと説明する？

見たことも聞いたこともないものに説明を与えられるはずがない。

ただ、そう思うとなんとなく思ったほうが、安心のできるような、同時になんとなく自分が一種の信仰というような、気持ちを気高いと感じるという感じでもって考えるだけだろう？

だから、ずばりそのまま私から言わせれば、神だ仏だなんて言ってるものは、安直な気休めを人生に求めているという憐れな人だとしか言われないんであります。

もしあなた方の考えているような神や仏がこの世の中にあったら、ねえ、第一、人類の中に戦争なんかあろうはずがないじゃないか。

キリスト教徒の人間たちが地球をも破壊するかもしれないような水爆だの、原爆だのを考え出す必要もないじゃないか。

それをあなた方は自分のいわゆる薄っぺらな神や仏に対する信仰と結びつけて考えてごらん。第一、本当にあなた方の思うような神や仏があったら、それにもしも信仰を捧げたら、その人間はもう即座に神や仏のようなきれいな気持ちになれそうなもんじゃないか。

この中にもクリスチャンもいるだろう、仏教信者もいるだろう。信者という名前だけでもって、その人たちは、相変わらず怒ったり、悲しんだり、怖れたりするという日の繰り返しを毎日行っちゃいないか？

五百有余の集まる尊い天風会員の姿を目の前にして私じっと見てるときに、後光の差すような尊い人が一人もいないことを遺憾《いかん》とする。

それは、あなた方の体から出るオーラの一切がこれを証明してるのだ。まあ、どうかこうか、安定打坐が刹那できたときだけ、きれいなオーラが見えるけれども。

そうでないときにはもう、濛々《もうもう》たる見えない毒ガスがあなた方の体から出ていると言っても言い過ぎでないほど、あなた方の心は汚《けが》れている、汚《よご》れている。そして醜い弱々しさを持っている。

それというのは、あてのないものをあてにして、救われようとか、助かろうとかする、きわめてさもしい気持ちを信仰と名付けているからだ。

本当の真理を知れば、何も神や仏に頼らなくたっていいのであります。

昔からも言ってあるじゃないか。「心だに誠の道にかないなば、祈らずとても神や守らん」と。

だから、何の神様だ、何の仏様だという信仰を求めている人は、気の弱い、憐れな依頼心の強い人間だとしか言えない。

先祖を敬い、先祖を忘れないための、供養だとか、あるいは追善《ついぜん》は、これは必要だ。けれど、あなた方の神仏に対する信仰はそうじゃないじゃないか。

いつも自我本位な、自分の生命や運命の安全ばかりを希《こいねが》う念願だけが、あなた方の信仰のエイム（aim ＝目的）になってるだろう？

これを第二義的信仰と言うんだが、そういう信仰を持っている人間は、何かこう神様というものがあるように思ったり、仏様というものがあるように思って、そういうのがこの宇宙をつくったように思っているが、違う、違う。

今形ある宇宙のできる前に形のない宇宙が既にあったんだ。

こう言うと形のない宇宙とは何だと、すぐ考えたくなるだろう？

これはすぐ考えつかれる、科学的に。

科学的に考えてごらん。哲学的でなく。科学的に考えるほうが勘がいいから、あなた方は。

この宇宙の中に現在我々の感覚するような、いろいろな森羅万象があるが、この森羅万象、この森羅万象も突き詰めていくてえと、一体、一番初めは何からできたんだろうということを突き詰めて考えるという考え方なんだ。

考えてごらん。

鶏は卵からでき、卵は鶏が産む。突き詰めていかない限りは、いつまでたってもこれが堂々巡りだ。

哲学的な思索でこれを突き詰めていくてえと、あ、卵でもないわ、鶏でもないわということがわかるわ、一番先がね。

宇宙本源とは何かを考えねばならない

じゃあ一番根本は何だと言うと、ただ一つの実在から生み出されたんだ。

その実在とは何だろう。

哲学で言うと「根本的本源実在」とこう呼んでいる。この本源実在について、科学はこれを極微粒子的なものとして、エーテルという名前を付けている。

哲学のほうでは、これまた人間の感覚では捉え能《あた》わない茫漠《ぼうばく》たる、見えざる一つの「気」であると言っているんだ。

これを支那では「霊気」と呼び、日本の、もとい、日本の学者じゃないけど、これも支那から来た儒学者は「精気」と言っている。

インドのヨーガ哲学は（註：別の講演において「中国宋代の儒教哲学では」という発言もある）、

これを「先天《せんてん》の一気《いっき》」と言っている。電気や磁気やその他のすべての、火気だとか、水蒸気とかというような気は「後天《こうてん》の気」と言っているんだ。

いずれにしても、このただ一つのエネルギーを生み出すもとが、今あるがごとき宇宙をつくり出したんだ。

だから、哲学的な論定《ろんてい》からいくと、そのエネルギーを生み出すもとが、やっぱり今あるがごとき宇宙の鋳型《いがた》を成していたものだということが考えられるのです。

とかく人間の一番いけないことは、我々の五官が感覚しないことは、あってもないと思う。

それじゃあ、空気や電波は誰も感覚しないけれどもないか？　ないと否定するか？

もちろんこれは否定しないでしょう。否定しないが、否定しない理由がどこにあるかと聞かれたら、あなた方、なんと言って答える？

かろうじて第二義の言葉を用いるしかしょうがないね。あるから人間が生きてるんじゃないか。あらゆる動物が生きてるんじゃないかと。

電気だってあるからラジオが聞こえたり、電球が光るんじゃないかという、第二義的な結果、現象だけをもってからにこれを証明しようとするデータにしてるが、これは第二義的な証明だね。

地球は昔は自ら回って太陽を中心として回転しているとは思わなかった。

地球は一つのところでもって、回りも何もしないで、その周りを太陽やお月様が回ってると思った。

それを我々は小さいときから、「そうじゃない。地球は太陽系統の中に太陽を中心にして回っているんだよ」と、先生に言われたことだけでもって、証拠は見やしねえ。

証拠を見なくてもそう信じています。

大昔の人間みたいに地球が動かないで太陽や月が動いているんだよ、なんていうようなことを言ってる人間は一人もいやしないやな？

どっちが本当なのと考える必要もないほど、多くの人はそれを無条件でもって、そうだとこう思ってるだろう。

その「そうだ」と思う気持ちでこれを考えなきゃいけないんだよ。それが哲学的な考え方を決定する一番の要素なんだ。

これを天風哲学では、宇宙本体、あるいは「宇宙霊」と言っております。

もっとも名の付け方はどうでもいいんだよ。宇宙大霊でもよきゃ、宇宙本霊でもよきゃ。まぁそれを指して言うのなら、改めて神でもよきゃ、仏でもいい。

在来考えていたような考え方でもって神や仏と言っていた、あの気分でこの宇宙本源を同じように考えちゃ駄目だよ。

宇宙本源が本当なんだから。

とにかくたった一つの宇宙の本体の生み出したものが森羅万象だ。

だからしたがって、森羅万象を包含している宇宙もまた然り。

だから哲学的に究極していくてえと、一切の現象界に存在する物質の全部は、皆この宇宙本体から生み出されたもの。

同時に、今度は科学的に考えてみりゃ、かかるゆえに一切の森羅万象と称するものは、宇宙本体のエネルギーの分派によってつくられている。

形が目の前にあるというのは、宇宙本体の力がまだそこに籠もってるから。

その力が抜けちまえば、そのものはその形を現象界から消して、それで根源要素に還元しなきゃならない。

ねえ、人間が死ぬというのもそうなんだ。

そして、特に忘れちゃならないことは、ここが一番大事だ、人間はあらゆる万物の中で一番この宇宙本体の分派分量を、分量多くいただいている。

おそらく人間以外のものの真似することのできないほど、大きな分量をいただいている。

これがつまり結局要するに、人間が霊長と言われるゆえんだ。

「心とは何か」を定義しておこう

それからもう一つ大事なことがある。

この大事なことが普通の人に考えられないことなんだが。

すべて気というものは動かなきゃならない。

気というものは一点一所《いってんいっしょ》に静かにしている気遣いはない。

気が動くと動いた気によって物がつくられるようになっている。

ねえ、エレクトロン（電子）だって、プロトン（陽子）だって、そのまいたんじゃ、何のクソの役にも立たないが、このエレクトロン、プロトンをダイナモ（発電機）に集約して、そしてワイヤーを伝い、あるいは線なくとも、空気を伝えて、これを受け入れる受信装置のあるところへ移してやりさえすれば、そこに恐るべき力、熱、あるいは光が出てくる、あの電気というものになる。

あれも気が動いたからの結果だ。

気が動いたときの、この動いた現象を哲学では、気のもとを「霊」と言っているのだ。

霊と言うとあなた方、魂とすぐ思うからいけないんだよ。

霊というのは、きわめてスーパーな見えないムードに対する名前なんだから。

この気が動こうとするときに現れる現象をアイデア、人間でいうと心だ。

英語でアイデアというのは人間の動かす心だと思っていると大違いだ。

気の動く場合における現象事実に対するところのあれは形容詞なんだ、アイデアというのは。

元の発音はギリシャ語でイデアと言ったんだ。イデア。

だから、心というものは気の能動を指して名付けた名前。

あなた方、心、心と言ったって、心が何だかちっとも今までわからずにいたかもしれないが。だから、この峻厳なる事実を厳かに断定すると、心というものは、一切の生命の中核を成している霊という気の働きを行うために与えられてあるんだ、ということがすぐ断定できるだろう。

そして、心というものが、霊という一つの気体の働きを行うときに、どんな現象事実を行うかと言うと、心の活動は思うこと考えること以外にはないのであります。

つまり言い換えれば、思考ということによってのみ、心の活動は行われる。

それから、もう一つあなた方が覚えておかなきゃならないことは、思ったり考えたりすることは、意識的に思ったり考えたりするときと、無意識的に思ったり考えたりするときの二色《ふたいろ》があるよ。おいおいに説明するが。

心で行われる思考が、人生の一切をつくる

そこで、私は長い間、この偉大なる真理に立脚して、考えて、考えて、考え抜いた結果、こういうヒントを得たんであります。

お話し申せば、わけのない、簡単なことだが、この簡単なことを私は何十年かかって考えたかな。

そういくと、あなた方のほうがはるかに利口だよ。考えないで受け取っちまうんだから。

私の考えた一番先のことは、わかり易く言えば、今言った原理を考えてみると、人間は日ごろ人生に生きる刹那刹那、いかに心を運用することが適当なのか。言い換えれば、心の運用を良くする、悪くすることによって、人間の人生も良くなり、悪くなるんだなということ。

長い間、病に苦しめられてどんなことしても助かり得なかった私は、結局最後に苦しんだ挙句、悩んだ挙句、悶えた挙句、命とめっぱりっこになって（向き合って）取っ組んでいて、ようやくこれが考え付いた。これ考え付いたのがあなた方のまた幸いにもなろうってことなんですから。

つまり人間の日々の人生に生きる刹那刹那、ちょいと笑うこと、冗談言うこと、その刹那にも、その心の思い方考え方が、やがて結果において、我々の生命を完全に成し能うか、成し能わざるかという事実が生み出されるんだ。

もっとわかり易く言えば、我々の生命の中にある我々の肉体はもちろん、精神生命もだよ、一切の広い意味における人生の事柄を、心の運用いかんによって決定することができるんだという真理を私が悟り得た。

悟り得たばかりに私が、もう医者という医者が片っ端から匙《さじ》を投げた私の病が、本当に驚くような経過で治っちゃったうえに、今あるがごとき長い寿命を堅固に生きているという幸せを味わっているわけであります。

もし私があなた方のように、もうちょいとしたことでも気にかけて、心の運用を誤っていたら、六十まで生きられないことは当然でありましょう。

と今言ったような悟りは、こういうことから私はひらけたんです。

人間の心で行う思考は、思ったり考えたりすることね、人間の心で行われる思考は、人生の一切をつくると。

これが何十年かかったかもしれないが、長い苦心の末、ようやく探り出した人間の生命に絡まる宇宙真理であった。

これは簡単なことで説明すればすぐわかる。今さっき申し上げた真理を逆に考えればすぐわかるよ。

人間の思ったり考えたりする心の作用というものは、霊の働きで動いているとするとね、するとその霊にすぐ響いているわね。人間の心で思ったり考えたりする思い方考え方が。

その霊というやつは、霊という気は、宇宙をつくった造り主である宇宙本体がやっぱり霊なんだから、それに通じているんだ。

お宅の電灯に抵抗の強いものを当てると、すぐショックはあなた方のお宅の変圧器に来てヒューズが飛んじまうだろう？

あれは結局つながってるからだ。

するてえと、この宇宙霊という気の元は、一切の万物をつくる力がある。

だから、この当然の連結関係を考えていくと、なるほど人間の心で思ったり考えたりすることは、うかつにも、あだやおろそかにできないんだということはすぐ気がつくんだ。

誠に峻厳犯すべからざる、これは宇宙真理です。

だから、どんな場合があっても、消極的な方面からものを思ったり考えたりしちゃいけないということがすぐわかるだろう？

だから、この法則を厳として自覚して、常にこの法則を乱さないように生きるならば、人生は期せずして大きな調和のもとに生かされる。

そして、無限の強さと生命の無限の自由というものは自然的に出てくる。

これをしも、仏教で言う無碍自在境《むげじざいきょう》とこういうのであります。

だから、どんな場合があっても、心の思考作用と、宇宙を司《つかさど》っている宇宙本体の創造作用、物を生み出す力とが、別々に分かれているんでなく、本質的に一つのものであるということを忘れちゃ駄目だぜ。

心は宇宙と人間の生命をつなぐパイプ

だんだん、この修練会が進むにしたがって、どんなに心の思い方考え方が重大かということが自然とわかってくる。

だから今日はただ、人間というものは人間自身の心の中の思わせ方や考えさせ方が、自分の生命の全体を強くもし、弱くもするものだということを、もう厳格に悟ろう。

また悟らなきゃいけない、今日は。ねえ。

その悟りをひらかすための今日はお話なんだから。

だからどんな場合があっても、人間の心に何かの観念が出ると、その観念の型のとおりに宇宙本体から微妙な力が働き出して、その観念の型が良けりゃ良いように、悪けりゃ悪いように、わかり易く言や、思い方や考え方が積極的なら積極的なものができ、消極的なら消極的なものができるんだよ。

そういうふうにできてるんだからしょうがない。

人間の境遇だとか、その人の現在に同情するなんてことはないのよ。

真理というものには同情はない。

だから、どんな場合があっても忘れちゃならないのは、心というものは万物のすべてを生み出す、宇宙本体の無限の力を自分の生命の中に受け入れるパイプと同様だということを忘れちゃいけないよ。

パイプに穴が空いてたら何もならないだろう？

それからそっぽを向いていたら何にもならない。

そうだ。パイプでわからなかったら、光を通す窓だと思え。それでもわからなかったら、科学的に言えば、電流を通ずるワイヤーだと思うといい。

今までは気がつかずにいたかもしれないけど、人生の一切は、健康であろうと運命であろうと、肉体も心も運命も環境も一切合切、人の心によってつくられているものなんでありますぞ。

これが科学研究の人間にはわからなかった。

また現代でもわかっていない。

ようやくにわかりかけているが、どうすりゃ一体全体、それじゃその心を処置することができるかということがわからずにいる。

とにかくお互い、ねえ、いったん人間として生まれた以上は、健康的にも、運命的にも、理想どおりの正しい人生を建設しなきゃ嘘だ。

だから絶えず注意深く自分の心の中の思い方や考え方を、積極的にすることに努力しなきゃいけない。

そのために「観念要素の更改」だとか、「神経反射の調節」だとか、あるいは「積極観念の集中力養成」だとか、さなきだに、修練会に来たばっかりに、こんな「安定打坐」なんて、一切の雑念を洗い清める方法さえ教わったんだもん。

これでなおかつ、心の中に消極的なことを思ったり考えたり、神経を過敏にしたりする人間がいたら、およそ私はこれは真理を冒瀆《ぼうとく》する罰《ばち》当たりだと遠慮なく言うぞ。

自ら尊い宇宙本体の力を拒否している人だ、否定している人だ。尊い慈悲の力を自分から踏みにじっている人だと遠慮なく言うぞ。

神経過敏の人間の言うことは、現在の苦しさから逃れたい、死ぬのがおっかないと言うが、じゃあ生まれる前はおっかなかったか？

死ぬことは生まれる前と同じ境涯に入るんじゃないか。

いわんや安定打坐の無念無想は、死と一歩の境しかない、大死一番の境涯だ。

だからもう少し人生の心を、余裕のある状態で生かしなさい。

「甦えりの誦句」

そこで毎朝目が覚めたら、「甦えりの誦句」というのを、厳かに自分の心に自分自身口ずさんで植え付けていく。

甦えりの誦句。

これはまた明日の朝から、必ず朝のご挨拶のときに私があなた方の耳に入れるけれども。これはきわめて大事な誦句です。

少なくとも青札（註：修練会参加が二回以上）以上の人は、この誦句は「誓いの言葉」と同時に、どんな人間でも忘れていない誦句だ。

赤札（註：修練会初参加）の人も修練会中毎朝聞かされる誦句だから、これを本当に自分の心のものにしなきゃいけない。

もっと理想から言ったら、この誦句のとおりの心であらなきゃならないようにならなきゃいけない、心は。

そうすれば、今命がなくなるような健康上の危急《ききゅう》に直面しても、運命がどうなろうと、即座にその運命はひらかれ、その健康は回復される。わかったね？

さあ、誦句を言おう。

最初私がひととおり言うから、その後真似しろ。

「甦えりの誦句」

吾《われ》は今　力と勇気と信念とをもって甦えり、新しき元気をもって、正しい人間としての本領の発揮と、その本分の実践に向わんとするのである。

吾はまた　吾が日々の仕事に、溢《あふ》るる熱誠《ねっせい》をもって赴《おもむ》く。

吾はまた　欣《よろこ》びと感謝に満たされて進み行かん。

一切の希望　一切の目的は、厳粛に正しいものをもって標準として定めよう。

そして　恒に明るく朗かに統一道を実践し、ひたむきに　人の世のために役だつ自己を完成することに　努力しよう。

さあ、これを一緒についておいで。

甦えりの誦句

一同　甦えりの誦句

駄目だよ。クンバハカ抜けてそんな声出したって、そんな声は、ただふわーと消えちまうだけだ。尻の穴を締めろ！

甦えりの誦句

一同　甦えりの誦句

吾は今

一同　吾は今

力と勇気と信念とをもって甦えり、

一同　力と勇気と信念とをもって甦えり、

新しき元気をもって、

一同　新しき元気をもって、

正しい人間としての本領の発揮と、

一同　正しい人間としての本領の発揮と、

その本分の実践に向わんとするのである。

一同　その本分の実践に向わんとするのである。

吾はまた

一同　吾はまた
吾が日々の仕事に、
一同　吾が日々の仕事に、
溢るる熱誠をもって赴く。
一同　溢るる熱誠をもって赴く。
吾はまた
一同　吾はまた
欣びと感謝に満たされて進み行かん。
一同　欣びと感謝に満たされて進み行かん。
一切の希望
一同　一切の希望
一切の目的は、
一同　一切の目的は、
厳粛に正しいものをもって標準として定めよう。
一同　厳粛に正しいものをもって標準として定めよう。
そして　恒に明るく朗かに
一同　そして　恒に明るく朗かに

統一道を実践し、
一同　統一道を実践し、
ひたむきに
一同　ひたむきに
人の世のために役だつ自己を
一同　人の世のために役だつ自己を
完成することに　努力しよう。
一同　完成することに　努力しよう。

厳かに黙想しろ。

昭和四十二年（一九六七年）京都

第二章

力の誦句

何ものにも打ち克つ"力の結晶"

早く悟れる人と、なかなか悟れない人の違いについて

毎朝の真理瞑想行のときに、あなた方の耳に聞こえてくる私の声のすべては、お互いの命に生まれながら与えられた法則という貴重な人生消息が、主眼として説かれる。

この真理瞑想行は実を言うと、いささか変則的なやり方でやらせているので、本当の真理瞑想行というのは、修練会の短時日では到底できない。

それはなぜだと言うと、本当の真理瞑想行というのは、あなた方に考えさせる問題を与えて、誰にもそれを教《おそ》わらせないで、自分の考えでその与えられた問題を自分で、自分なりに解釈して、そしてそれが正しい真理に合致するまで、何年でも考えさせるというのが真理瞑想の本当のやり方です。

現在の天風は、インドの山の中でそれを三年間やってきた。

だからほんとから言うとあなた方にもそうさせたいんだが、そうやってたんじゃ、十日や二十日や一月《ひとつき》じゃ、一つの問題どころじゃない、半ぺらも解決することができないから、そこで現在、毎朝やるようなきわめて変則的な、私があなた方の代わりに悟ってきたことを、そのままあなた方の耳に、私の口から伝えるのであります。

ただ、それがために、苦心して悟ったんでないから、時とするとせっかく得たものをなくなすおそれがある。

いいなと思いながらも、それが自分が苦心して悟ったんでないから、いつかそれを忘れちまうというようなおそれがなきにしもあらず。

だから自分も、恐ろしい病を自分の肉体に持ちながら、その病と闘いながら、親から離れ、国から離れて、インドの山の中で一人で修行しているというつもりになって聞いたらば、そして聞いていることが天風という人の口から自分の耳に告げ知らされるのでなく、あなた方の魂が、あなた方の心にそれを悟らせているのだと、こういうふうに考えて聞いたら、本当の自分が苦心して悟りをひらいたのと、その結果に大した違いはないことになる。

結局、悟りというのは真理を自分の心が感じたときの心の状態を言うので、したがってその真理を自分の努力で自分の心が感じたのも、人の悟りを耳から自分の心に受け入れたのも、ただ受け入れたときの状態の違いだけでもって、受け取ってしまえば、その結果は同じになるんですから、したがって今、一番大事なのは真理を受け取るときの心の態度だ。

この真理を受け取るときの心の態度が、非常に密接な大きい関係があるから、そこで安定打坐法を行わせているのだが。

厳格に言うと、本当の話が、私たちは何もあらためて真理というものを、こうこう、ああああだと説明されて聞かされるまでもなく、おぎゃーと生まれてこの世の中に出たときから、絶えずこの真理に接し、真理の中で生きているのであります。

けれども、ちょうど魚が水の中で生きていて、水の中で自分が生きているということを知らないのと同じように、真理の中で生きちゃいるんだけれども、その真理をなかなか容易に自覚しないのは、雑念妄念というものが心の中にあるがためなんです。

だから雑念妄念がなく、心が本当に清い状態でいれば、真理をすぐ発見するのであります。

今諸君がやっているような、安定打坐《あんじようだざ》という特殊な手段を行うと、雑念妄念はたちどころになくなるか、あるいは次第に心の中からなくなっていく。

そうすると、強《し》いて努力をしなくとも、その心が真理と取り組んでいこうとする自然傾向になっているから、だからこうした状態で聞くすべては、非常な苦心をしなくても、それがどんどん、どんどんあなた方の心の中に正しい悟りとなって表れてくるのであります。

だから同じ修練会をやっている多くの人の中にも、非常に早く悟れる人と、悟りに非常に手間の掛かる人があるのは、結局この安定打坐を真剣にやっているかやっていないかによって区別される。

そして私の長年の経験によると、不思議なことには、小学校や中学校の子どものほうが早くこういうことをしっかり自分の心にして、案外年配者が、ほんとから言うてえと、子どもよりも早く悟れそうなものなのに、人生苦楽の歴史を何年か繰り返して、いわば酸いも甘いも嚙み分けているはずの中年以上のおっさんやおばさんのほうが、悟りが鈍いという傾向があるのであります。

これは結局、小学校や中学校や高等学校の生徒には、同じ批判をしても批判の範囲が狭いので、つまり生きている年限が中年以上の人よりも短いために、人生に経験していることが少ないために、批判する場合にも、批判する気持ちの中にそうした複雑なものがたんとない。

ところが中年以上の人間になると、余計な要らないこだわりがうんとあるために、どうしてもこの私の言うことを、無邪気に純真な気持ちで聞こうとする気持ちがおろそかになってくるのであります。

もっとはっきり言っちまうと、安定打坐しながら、実は形だけが安定打坐で、心がちっとも安定打坐になってない人が多い。

そうするてえと、せっかく真理瞑想行を諄々《じゅんじゅん》として自分の魂の中につぎ込まれても、涙の出るような感激を感じることが少ないかもしれない。

こうやって私はいつでも真理瞑想を説きながら多くの人々を見てて、ああ、この人には今の悟りが本当に入ったな、ああ、この人はまだだなということがよくわかるんであります。

だから何はさておき、批判を乗り越えて、ただ無念無想の状態で私の言うことを、わかろうとする気持ちでなく、ただ聞いているという気持ちで聞きなさい。

そうするとそれが無条件で、ぐんぐんあなた方の心の中へ悟りの花を咲かせてくれるから。

さあ、これだけ申し上げて、これから真理瞑想の悟りをひらかせてあげる。

「生きる力」の受け入れ態勢を整えよう

最初は、お互いの人間の生きている命の中に与えられた力と、その法則ということを序の口として正しく理解せしめる。

現代の人間たちは、自分が人間であることは知ってるんです。

人間であることは知っているけれども、五月の研修科のときにも話したとおり、人間とはなんだということは知らないんだから。

人間というのは、立って二本足で歩いて、二本の手のあるのが人間だと思ってる。

もっとはっきり言っちまうと、人間というのは犬や猫と形の違った肉体を持っている、これが人間だとこう思ってる。

そういう人はだから、人間とは何って言えば肉体だと思っている。

したがっておまえはなんだと言や、肉体だとすぐに思う。

ところが、あの五月の研修科で「我とは何ぞや」という話を聞いた人は、はっきりそこの点はわからせられてますね。人間というのは、本当の人間の正体を突き止めていくと、何も見えない、感じない、霊魂という気体なのだと。

それで霊魂という気体が現象界に命を活動せしめるために、その活動を表現する道具として、肉体と心が与えられてあるんだと。

いわば絵描きの持つ絵筆、大工の持つ鉋《かんな》と同じようなのが、命に対する肉体であり、心であるんだということがわからせられた。

その命というものに、限りのない強さと、喜びと、安心と、平和とが、正しくこれを理解し、これを正しく応用する人に与えられているという、ありがたい事実が我々の生命にはあるのであります。

ただ多くの人々は、命と言うとすぐ肉体ということを考えるために、大変な間違いがそこに出てくるので、肉体に不思議な命の力があるんじゃないんです。

霊魂という気の中に、不思議な働きを行う力がある。

それはちょうど、回っている扇風機にあのファンを回す力があるんじゃなくして、あの風を起こしているファンが回っているのは、電気という不思議なものが、これを回すという動力を起こしているから。

このたとえでもってすぐ人間というものがわかりそうなものだが、人間だけは何かこう、肉体に生きる力があるように思っているところに、大変な寸法違いがある。

肉体の生きているのが、霊魂という気の力で生きているということが本当の悟りなのだが、この本当の悟りを正しく自分の心に持って生きている人がきわめて少ないために、わずかな不健康な状態が肉体に生じても、肉体が生きていると思っているものだから、その不健康状態が非常に心配になってくる。

霊魂という気のほうから幽玄微妙《ゆうげんびみょう》な力を送り込んでやることが分量多くありさえすれば、その不健康状態は直ちに健康状態に復活するというような原理を知らない。

考え方が全然違うために、したがって人生をもっと尊く生きられるのに、その尊く生きられる人生を尊く生きてないというような滑稽なことをやっている人が随分世の中には多い。

おそらくあなた方の大部分がそうであったんじゃないかと思う。今までね。

だから人間の第一に必要なことは、人間の生命に与えられた生きる力というものが、肉体にあるんでなくして、霊魂という気の中にあるということを正しく理解しなきゃいけないのでありま す。これが最も正当な自己認証なんです。

self comprehension と言います。自己認証。

ところが自己認証があやふやなものだから、ちょいとくしゃみをしたとしても、ちょいと咳がひとつ出てもすぐ、肉体に命があると思ってるものだから、非常に神経を過敏にしちまう。

いつも私、講習会のときに、折あるごとに、時あるごとにこういうことを言ってるだろう。結局、心が肉体から離れているときに、肉体には肉体それ自体の生きる力を受け取る十分な働きが行われると。

けど、心がもしも肉体に消極的に注がれると、肉体の生きる力を受け入れる受け入れ態勢に妨害が与えられるために、結局思う存分万物の霊長たる強さを肉体に発揮することができない結果が来るぞと。

だからできるだけ消極的な気持ちで肉体を考えないようにすること。

特に病のときには、病を忘れることに努力しろ。

そういう言葉を静かに味わっていくと、人間の心の中の思い方考え方、もっとわかり易い言葉で言うと、人間の健康も運命も、心一つの置き所だということがすぐわかるはずなんだ。

積極的な方面に置いたのと、消極的な方面に置いたのとは天地の相違がそこに来るのであります。

それを哲学のほうでは、「心の思考が人生をつくる」という言葉になって表現されている。

私は初めてこのね、心の思考が人生をつくるという、ヨーガの哲学の文字を見たときに、ちょっと理解ができなかった。

なんだろう、この心の思考が人生をつくるという言葉は、と。

何しろそれまでいつも、あなた方に私が言ってるとおり、その当時まだ人生を考える十分の知識が私の頭の中になかったために、一体この言葉の意味はどういう意味だろうと、少しもわからなかった。

ところがだんだん、だんだん、人生を研究するにつけ、また生命を自分の病を根本として、あこうと研究するにつれて、今言ったような重大なことがわかってきたわけなんです。

わかってから以後の私は、それは自分でも呆れるほど、丈夫な体になって。ただ丈夫なだけならともかくも、そのうえ本当に思いも寄らない長生きをこうやって重ねていく幸いを味わっているわけですが。

しかし、静かに世の中を見てみると、物質文化の非常に進歩している現代。しかも地上には、なんと病人や不運の人があまりにも多い。

この多い理由は、今言ったような心の思い方考え方、すなわち心の置き所が積極か消極かということに関係して、その肉体の生きる力の受け入れ態勢に非常な消長関係が来るということを知っていないで生きている人が多いがためなんです。

宇宙エネルギーにはプラスとマイナスがある

そこでこの点を、もう少しよく悟れるように話してみたいと思う。

詳しく言うと、いかなる理由で心の行う思い方や考え方は、生命を強くもし、弱くもするかということをです。

それはね、科学的に考えてみても、また哲学的に考えても、明瞭にこれを証明し得る立派な論理があるからなんです。

それをできるだけ易しく、私、あなた方に話して聞かせます。

おそらくは生まれて初めてこういう貴重な論理を聞く人もありゃしないかと思う。

ちょっと難しいかもしれないが、難しい人はわからないことはわからないでおきなさい。

いずれか時が来りゃ、わかるときが来る。

わかる人はできるだけわからなきゃいかん。

特に、学生諸君は、小学校の生徒はもちろん、中学校も高等学校も大学生も、よく聞いて理解しなきゃ駄目だぞ。

諸君は、これから大きな義務と負担とを遂行しなきゃならない大事な体だ。

その人たちが無我夢中で何の真理も知らずして、人生に生きるとなると、次の世の時代の社会というものがどうなるかを、非常に恐れせしめられるから。

という言葉は、おっさんやおばさんはどうでもいいという言葉にはなっちゃいないんですから、おっさんやおばさんも、若い者に負けないだけ、しっかりした理解でもって人生を生きなきゃいけない。

そこでまず、科学的な方面から説明します。

諸君の小さいときから、学校で教わってきている科学的な知識で聞いていると、これからの科学的な理解がはっきりわかるだろうと思う。

科学的に言えば、命を生かす力となるところの宇宙エネルギーを受け入れる第一機能で心があるがためなんであります。

わかったかい。

精神生命というものが、命を生かす力となるところの宇宙エネルギーを受け入れる第一機能であるからなんです。

つまり我々の命の生きているのは、宇宙エネルギーのおかげだ。けど宇宙エネルギーを受け入れる、肉体の中にある順序の一番先に、この心というものが我々の肉体の中に、大脳というものでもって、その働きを行うように設備がしてある。だからもっとこれを生理科学的に言うと、心の働きを行う脳髄腑が、命を生かす力となるところの宇宙エネルギーを受け入れるオペレーションなんです。

これを普通の人が知らないいんだ。あなた方もおそらくは知らずに生きていやしなかったか。あなた方の大部分は、宇宙エネルギーを受け入れる働きを行うのが肉体だと思ってたんだね。

その点は、この『安定打坐考抄』（中村天風著作）の末尾に島中博士が「医学から見た統一道」という点を書いている一番しまいのほうに、宇宙エネルギーの受け入れ過程が書いてあるだろう。あの本を読んでみりゃすぐわかる。

それをもっと細かく話せば、宇宙エネルギーは脳髄腑で受け入れられると、一方は視床下部から自律神経のほうに送られるものと、一方は松果系を経過して脊髄神経のほうに与えられる、運動神経系の力と二色《ふたいろ》あるんであります。

これは医者でなきゃわからないことだから、素人はわからなくてもいいけれども。

そしてしかも宇宙エネルギーというものには、建設の法則を行う力と、破壊の法則を行う力がある。

いわゆるプラスとマイナスがね。

そしてこのプラスとマイナスとの比例配合が、常にプラスが勝っているときが、建設の事実が余計に行われるときで、マイナスのほうの要素が余計に働いているときが、破壊の作用が行われるときで、運が悪くなるとか、あるいは健康が悪くなるとかというのは、この破壊作用であるマイナスのほうの作用が余計に働き出したときのことを言う。

あの人は丈夫だ、あの人は運が良いというようなのは、結局要するに宇宙エネルギーの受け入れた結果が、プラスが余計にあるからなんです。

この宇宙エネルギーの名称を、哲学では精気。東洋哲学は、特に支那哲学は霊気と言ってましたが。インド哲学はこれをプラナと言ってるんです。

朝、あなた方が活力吸収の呼吸法をやるとき、私の誦句《しょうく》の中に「今我々はプラナヤマ法と称する特殊の密法を行って、この活力を五臓六腑はもちろん、四肢の末端に至るまでうんぬん」と言ってるだろう。

あのプラナヤマというのは、この宇宙精気のことを、プラナという名前がつけられているからで、ヤマというのは行です。宇宙精気を受け入れる行で、プラナヤマとこう言っている。

プラナというのを日本語に訳すと、先天の一気となる。

一番この世の中の、あらゆるすべての気の元。先天の一気。

だから電気、磁気だとか、水蒸気だとか、火気だとかという気は、後天の気だ。

この先天の一気を、科学のほうでは、我々の学生時代にはエーテルという言葉を使ったものです。今もエーテルなんて言葉を使う科学者はいないだろうけども。

これはニュートンよりやや少し前に生まれた、デカルトという人がこの学説を立てた人でね。デカルトはこう言ったんです。

この宇宙間に存在する重さを持つ物体と物体との間の空間には、非常に希薄な、もう到底人間の感覚には感じられない特殊の物質が宇宙全体にわたって充満していて、そしてそれが一つひとつの離れた物体と物体との相互の作用を媒介しているんだと、こう言っていた。

これをエーテルと名付けた。

我々の学生時代は、だから宇宙の根本要素はこのエーテルだと思った。

ところが今から五十三年前、ドイツのプランク博士が、今までエーテル、エーテルと言ったのを、Planck constant hydrogenium と言った。科学名はこれを略して、プランク定数hと言ってますね（註：現代では、hは Hilfsgröße の頭文字）。

つまり、いかなる人間の発明した顕微鏡の力をもってしても見えない、極微粒子だという。

それが宇宙エネルギーの根源要素となっているという。

人間の感覚では捉え能《あた》わぬもの、見えざるもの、聞こえざるもの、触れざるもの、嗅げぬもの、味わえないもの。

科学的に考えると、それからより以上の究極なものはないわけです。

自己認証を最高度まで引き上げよう

哲学がもう一歩進んだ考え方を持っているのであります。

哲学は、もうひとつ前に、そういうものをつくったものが、なんだろうということを考えているのであります。

それを天風哲学は「宇宙霊」と名付ける。

この宇宙霊と名付けたものを、まだ科学的な思考作用がこれほどまで人間に豊富でなかった時代の人間が、これをあるいはゴッドと名付け、あるいは天御中主尊（アメノミナカヌシノミコト）と言い、あるいは如来と呼び、あるいはアラーと呼ぶというふうに、いわゆる神仏という名をつけたものなんだ。

しかし名称の詮議《せんぎ》は第二でよろしい。

ただこの根本的実在物なるものこそ、一切のあらゆるものすべてをつくり、生み出す中枢勢力で、したがってこの現象界に存在する物質の全部は、みなこの根源的実在物、いわゆる私の言う宇宙霊なるものから生み出されたものだと、こう考えていいのであります。

だから、哲学のほうでは、一切のものというものは、造物主から分かれたもので、すべてが造物主の分かれだ、とこう言っているのは、これあるがため。

いずれにしても今言ったとおり、宇宙エネルギーの受け入れ過程を科学的に考えると、脳髄から神経系統にまず受け入れられて、その神経系統から、我々がこうやって現象界にその命を生かす道具として与えられた肉体を活動せしめ能うているのであります。

ただ、ここでもって考えなきゃならないのは、医学のほうでいくと、人間の生きる力というものは、こうした順序で受け入れられているんじゃないと思っている。

私たちも長い間、医学者として医学を研究した経験の上から考えてみると、わからないからそう言ってたんだろうけれども、医学のほうじゃ、活力を受け入れる物質を五つに決めてますね。

第一が空気の中の、要するに酸素と窒素。これがもう、全体の肉体を生かす要素の中の八五％という大量を要求していると、こう医学は教えている。

それから次が、原形質性の食物、食い物だ。もっとも原形質性以外のものは食いません。その証拠には、どんな食いしん坊でも砂利や砂やセメントは食わないだろう。あれは原形質でないから。プロトプラズマ（原形質）の食い物。

それから第三が水。液体だ。それから第四番目が土。泥の中の活力。それから第五番目が太陽の光線の中の活力と。

こういうふうに我々、医学生時代に教わったんだ。

しかしこれは、決してそうじゃないとは私は言わないけど、そうしたものが肉体を活かす作用を行う原動力にはなってないんであります。

自動車のエンジンで考えてみよう。

自動車のエンジンをスムースに回すのに必要な潤滑油というものがあります。潤滑油だけエンジンに注いでおきさえすりゃ、何も電気的な作用を起こさなくても自動車は動き出しますか？

もしも潤滑油だけをエンジンにつぎ込んでおきゃ、自動車が動き出しますって言ったら、自動車は実に楽に運転ができるわけで、人間の体も空気を吸って、食い物を食って、それで水飲んで、泥の上で生活して、日光を浴びてて生きてられたら、いつまでも死なねえはずだよ。

それだけじゃ人間は生きてられないのであります。

それだけのものを肉体に受け入れると同時に、この生命を活動せしめる一つの作用を起こさせるものが、肉体になきゃならない。

それが結局神経系統に宇宙エネルギーから脳髄腑が受け入れてくれたところの、特殊なフードなんだ。

そいつを我々の習った医学というものは全然考えてなかった。教えてくれないんだもの。だからもしも、我々が習った医学だけでもって、人間の命が生きてるとしたら、胃が悪かったら胃の薬をやり、肺が悪かったら肺の薬をやり、心臓が悪かったら心臓の薬だけやりゃ、病はみんな治っちまうはずだ。

ところが、これは医者だけが知る消息ですが、さて、なかなか文献やデータじゃ、この薬やりゃ効き目があるよという証明の立派についてるような薬でも、患者によるてえと、ちっともそれが効かない。効いたかと思うと今度は反応中毒でもって、かえって薬のために命を落とすなんていうような結果も来るという場合がある。

不思議だなと、我々はまだこういう真理を知らない時分には、幾度か自分のやり方の間違いじゃなかったかしら、それともこの薬のデータの間違いかしら、なんていうふうなことを随分考えさせられたものだが、実はそうじゃないんだ。

あらゆる一切のものを、正しく活動状態に作用せしめる一番の原動力という要素となるべきものが完全でないからなんだ。

モーターだけをいくら立派にこさえ上げて、コイルも規則どおり巻き上げて、そうしてベアリングには完全にオイルをつぎ込んどいても、送り込んだ電気のボルテージが低かったら回りません。ね。

同様に、だから本当に生きとし生ける万物の霊長としてのお互いが、完全にその健康と運命を正しく保持するために、生き甲斐のある人間として、人生に完全に生きたいと欲するものは、何をおいても人間の生きる命の力を豊富にしなきゃ駄目なんだ。

生きる命の力を豊富に受け入れることを考えなきゃいけない。受け入れられるような生き方を考えなきゃいけないわけなんだ。

その受け入れられるような生き方というのが、心の態度をどんな場合があっても積極的に、今言ったような理解で、最高度まで引き上げた自己認証を、どんな場合においても忽《ゆるが》せにしちゃいけないんです。

というと、何か非常に難しいように考えるが、難しくはないんだ。

結局、消極的な方面を考えなきゃいいだけなんだ。そうすりゃ最高度まで引き上げた自己認証ができたわけなんだ。

もっとわかり易く言えば、どんな場合でも、自分、人間というものの命は、一切の生物をしのいでいる力の結晶だと、正しく思い込んでしまうことなんだ。

これをいかなる場合にも心にしっかり堅持することなんだ。

この悟りこそ、理想的人生建設への、何よりも大切な先決問題なんであります。

言い換えれば、人生の本当の幸福の、宝の蔵を開く金の鍵のようなものなんだ。

どんなに宝の充満している金庫でも蔵でも、これを開ける鍵がなかったらば、あるもないも同じことになっちまう。

つまり、心の思い方考え方、心一つの置き所。

積極か消極かというだけで、人生の幸福の宝庫が開かれたり、閉められたりするということになるわけです。

人間はその生命の強さを自由に獲得し得る

第一、心というものはなんだということを考えてごらん。

わかんねえだろう。

みんな、心、心と口では偉そうなことを言っても、心とは一体なんだろうと、文字に書けば「こころ」だけども、わからない。

これをわかり易く、一人で考えたら一生考えてもわかるまいから、わかり易く私が悟りをひらかせてあげる。

心というものは、人間の生命の本質たる霊魂という気の動きに対する名称なんだ。

霊魂という気が動かない限りは、心という現象は生じてこない。

もっとわかり易く言うと、霊魂というものは、もう何遍も言っているとおり、絶対に目に見えない、ルミエオブスキュル（Lumière Obscure）と称するもの。

見えない気だ。

それで気というものは、誰でもが知っているとおり、現代の科学文明の時代に生きている人間で知らない者はないくらい、能動性のものだ。

ね。不動性のものじゃないだろう。能動性のものだ。

気が能動性なのは、気が活動する本性《ほんせい》を有しているからだ。

ですから心というのは、前にも言ったとおり、霊魂という気の働きを行うための存在なんだから。

そこで心が霊なるものの働きを行うのは、今言ったとおり、思ったり考えたりすることによって表現されるわけだ。

ただし、思ったり考えたりする事柄に二色あるんだよ。

詳しく言うと、意識的なものと、無意識的なもの。

考えようと思って考えたり思ったりすることと、思おう考えようと思わなくても、思っていること、考えることがある。

ただその区別がはっきりしないだけでもって、ふと気がついたら、あることを思ってた。考えるでもなく、あることを考えてたことがあるだろう、あなた方だって。思おう考えようと思わなくても、思ったり考えたりすることがあるだろう。

そこでだ、この偉大な真理に立脚して、心の態度というものが、言い換えると心一つの置き所というものが、もっとわかり易く言や、心の中で絶えず行われている思い方考え方というものが、なんと我々の目に見える肉体はもちろん、運命や環境その他一切の人生を左右し、またつくったり壊したりすることができるという、すなわち思考が人生をつくるという真理と事実が、無条件で理解ができやしない？

もっとも、噛んで含めるようにこう言われると、簡単に十分か二十分でわかったろうけど、私はこれを理解するのに、ほんとに何十年かかったかわからない。

もうすこし、くどいけども、わからせてあげる。

もっと正しくこの消息を悟るには、心の思考を結果から考えてみると一番いい。

心の思考を結果から考えてみる。

心の行う思考は、そのすべてが各個人の命の原動力となっている霊魂を通じて、その霊の本源たる宇宙霊に通じているということを忘れちゃいけないんだよ。

もう一遍言うよ。

心の行う思考は、そのすべてが各個人の命の原動力となっている霊魂を通じて、その霊の本源たる宇宙霊に通じているんだよ。

わかったろう。

しかもこの宇宙霊たるや、前にも言ったとおり、一切の万物を創造するエネルギーの本源だ。だからこの絶対関係を厳粛に考えると、ほら、思考は人生をつくるということに断然結論されるだろう。

だからこの絶対関係をおろそかにしなければ、宇宙エネルギーの受け入れ量を多くして、人間は期せずしてその生命の強さを自由に獲得し得るという結果が来るわけだよ。

これはただ単に肉体の生きる力ばかりじゃないんだよ。知識のほうの力も言うんだよ。

だんだんこの真理瞑想が、毎日毎日、回数を重ねていくにしたがって、これはもう人間の心の思考作用というものの運用方法が、どれだけ素晴らしいものかということがわかると同時に、宇宙霊の創造作用と、いわゆるクリエーションとその作用とが決して別々のものでなく、むしろ本質的に一つのものであるということが必ず明らかになってくる。

そしてこの偉大な事実が正確に悟れると、人間というものは、人間それ自身の生命の力の認証を最高度に引き上げた考え方を心に堅持すると、期せずして、自分の命を欲するままに力強く生かすことができて、したがって、その運命や健康をも欲しいままに完全につくり得られるものだということが、正しく合点することができるようになるのであります。

そうすると、今までと全然違った、自己に対する考え方が新しく、本当に力強く組み立てられるだろう。

何はさておき、万物の霊長たる人間ありがたいかな。

人のその心の態度に応じて、宇宙霊はそれに順応して働き出す。お頼みしなくても自然の現象がそうなっているんだもの。ナチュラルで。

心の積極か消極かという態度に応じて、宇宙霊はそれに順応して働き出して、その人生を良くも悪くもしちまう。

その心の態度のとおりにするんだよ。

その心の態度が一つの鋳型《いがた》になるんだもの。

その鋳型が、人の命や人生に、いい形や悪い形になって表れちまうわけだ。

だからこれだけの話を聞いたら、心というものは、万物のすべてをつくる宇宙霊の無限の力を、我々の生命に通じるパイプと同様だということがすぐわかるな。

光を通す窓だ。電流で言えば、電流を通じるワイヤーだ。

真理はあくまでも厳粛に考えなきゃいけない。

人生の一切はその何であろうと、肉体であろうと、心であろうと、運命であろうと、環境であろうと、一切合切、人の心によってつくられているものだと、本当に理解した理解こそ、真正の悟りなんだ。

そしてこの悟りが、本当に正確なものになれば正確なものになったほど、健康も運命も、何も特別な手段を施すまでもなく、完全になるに決まっているのが、これがまたナチュラルなんだ。自然の作用なんだ。

ところが我々、こういう尊い真理を知らなかった愚かさから、ほんとに笑えない、滑稽だよ。外国の大学を良い成績で出て、立派な学位をもらってながら、自分自身の体ひとつ、私は治せないという、愚か以上のアホなことを、もう長年やってたんだ。

とにかく、人間に生まれた本当のありがたさは、こういう点にあることを、正しく、本当に正しく認識しなきゃいけない。

そして今日から、たとえ人生にどんなことがあろうと、自分は力の結晶だという、この正しい悟りで、すべての健康上の問題や運命上の問題を乗り越えていかなきゃいけない。

そういう悟りが始終心の中に充ち満ちていりゃ、あえて努力しなくても、始終元気いっぱいな状態で人生に生きていかれるわけだよ。

朝私があなた方に「おはよう！」と言いながら「元気か！」と言うのはこれなんだよ。

中には潔《いさぎよ》く「元気です！」と言う人もありゃ「はい！」と言う人もあるけれども、中には、言いたくても元気じゃねえから、俺は言わねえや、てな顔をしている人もいるだろう。

だから今後、この真理を絶対に貴重な悟りとして、よしや何事が我が身に生じようとも、またどんな知恵、分別を必要とするときでも、その根本基礎となる、よろしいか、心の態度を、事情のいかんを問わず消極的であらしめちゃいけないんだ。

いつも、尊く強く正しく清くという、積極的。

そうすると、自分でも不思議なほど元気というものが溢《あふ》るるように湧き出してくるから。

そうするとその元気が、元気というのは元の気と書いてあるけれどもね、元気が直ちに先天の一気をかーっと呼び寄せる。つまり原動力となって。

そうすると、自分でも不思議なほど、一切合切が完全に解決されてくるんだ。健康的な方面も、運命的な方面も。

元気という気分が出たとき、人間と宇宙霊とが完全に結びついたことになる。

元気が出てからに、不愉快を感じるやつがあるものか。元気という気が出てくるときは、なんとも言えない爽快さを感じるじゃないか。

とにかく元気の溌剌《はつらつ》たる状態で人生に生きることこそ、一番必要なのであるから、したがって心の置き所を常に積極的に置くために、自分が力だということを忘れちゃ駄目だ。

「力の誦句」

さあそこで、それを忘れないために、もう折あるごとに時あるごとに、自分が力の結晶であることを忘れさせない暗示の誦句を与える。

最初は私がひととおり言うから、「ついてこい」と言ったら真似してついてくる。

「力の誦句」
私は　力だ。
力の結晶だ。
何ものにも打ち克《か》つ力の結晶だ。
だから何ものにも負けないのだ。
病にも　運命にも、
否　あらゆるすべてのものに打ち克つ力だ。
そうだ!!
強い　強い　力の結晶だ。

さあ、一緒についてこい。

力の誦句

一同　力の誦句

私は　力だ。

一同　私は　力だ。

力の結晶だ。

一同　力の結晶だ。

何ものにも打ち克つ力の結晶だ。

一同　何ものにも打ち克つ力の結晶だ。

だから何ものにも負けないのだ。

一同　だから何ものにも負けないのだ。

病にも

一同　病にも

運命にも、

一同　運命にも、

否、あらゆるすべてのものに打ち克つ力だ。

一同　否、あらゆるすべてのものに打ち克つ力だ。

そうだ!!

一同　そうだ!!

強い　強い　力の結晶だ。

一同　強い　強い　力の結晶だ。

黙想。

昭和三十九年（一九六四年）　京都

第三章

思考作用の誦句

積極的な心持ちで思考した事柄のみが建設される

魚は自分が水の中にいるのを忘れている

さあ、真理の瞑想に入ろう。

人生を支配する法則ということを、はっきり自分の理解の中につくろうとするのが、今日の悟りの目的。

さて、諸君は、人間の心というものには、一方において、人間の運命や、また健康や、その他の人生の一切をより良く建設する力があると同時に、また一方において、これと反対に人生をより悪く破壊する力もあるという、心というものの持つ積極、消極の両方面の作用が、もう十分理解されたと信ずるのであります。

しかし、それがただわかっただけじゃ駄目だよ。

煎じ詰めれば心の持つこの形容のできない強烈な作用が、正しく理解されると同時に、これを応用することよろしく得ないと、人生は完全なものにいくらつくり上げようと思っても、思うようにつくり上げられない。

そこで人生を支配する法則というものが、ここに我々に正しく理解される必要があるんだが、人生を支配する法則の第一として、諸君がどんなときにも忘れてならないことが一つある。

それは何だというと、すべてのこの宇宙間の物という物、生物無生物を問わない、物という物の一切、この宇宙間に存在する物という物の一切は三つに分けられるね。

動物と植物と鉱物。

そして鉱物のようなものを無機物と言い、植物のような物を有機物と言っているが、とにかく一切合切みなそのすべてはことごとく、ただ一つの物から生み出されたものだろう。

このくらいのことは今の人でもってわからないでいる人は一人もなかろうけれども。万物能造《ばんぶつのうぞう》の根源をなすところの絶大な力を持つ霊妙な気というものが、この一切をつくる根源をなしていて、そしてしかも、その気が、つくった物の一切を包んでいる。

包んでいるというより、むしろその気の中につくられた物が存在しているというふうに言い換えることが一番いいだろう。

もうどんなものでもこの霊妙な気の中に終始いかなるときでも存在しているということ、これを忘れちゃいけないんだよ。

これが時々忘れられるものだから、病が生じたり、少しでも運命が悪くなるてえと、憐れな、孤独な、さもしい、頼りない、弱い心が出てくるわけだ。

魚が水の中にいるのは、水の中にいなきゃ生きられないから水の中にいるんだけれども、魚それ自身は、自分が水の中にいるということを、おそらくは忘れている場合のほうが多いだろう。

我々がこうして生きていられるのも、よく考えてごらん、この霊妙な気の持つ力の中にいるからだよ。

空気の中にいるからじゃないんだよ。いくら空気だけあっても、万物能造の霊妙な働きを持つこの気というものが空気をつくっているんだから、空気の中にこの気があるんでなく、この気の中から空気という酸素や窒素が我々の肉体生命への新陳代謝を行うために、その命の火を燃やすためにつくられているので、つくられた物のほうがつくった物でないということを忘れちゃ駄目だよ。

もう既に言ったとおり現代の科学は、この霊妙な気の正体が何だということを発見している。その働きの霊妙な神韻縹渺《しんいんひょうびょう》たるものは、これはもう、宇宙のつくられている一切の事実を考えるときに、誰でもがそれを否定しない。

ただ、普通の場合、それが絶対に感覚的に認識ができない、いわゆる極微粒子という、もう形容することのできない小さなものなんだから、ただそうだと観念的に認定するよりほか、ほかに認定の仕方がないんだよ。

そこで観念的に想定するより以外に認定の仕方がないという点を、静かに論理思索の根本点に置いて、じーっとこの宇宙というものを考えてごらん。

病を心配しない心、運命を気にかけない心が大事

これを私はね、インドの山の中でもって静かに考えているうちに思いついたんだよ。

我々科学教育を受けた者は、必ず何かのそこにそれを証明するデータなり、あるいは事実がないてえと、なかなかその、理論的にどんな巧妙な組織を聞かされても、それをああそうかと、無

邪気にそれを信ずることができなかったという、考えてみるとよくない癖がついている。

そのよくない癖がついていて、実は私は現代の多くの人々と同じように、一に一を足してその答えが二にならなきゃ承知ができなかった。

しかし、だんだん山の中で考えているうちに、この今言った、現在自分がこうして生きているこの周囲に、目には見えないけれども、認識のできない極微粒子という気体が存在しているなということは、これは証拠をつかむわけにはいかないけれど、観念的に想定することはできると。

観念的に想定しなくたって、あるものはあるんだから、そのあるものがある以上は、だから、これは無条件に観念的に想定する以外に考える考え方はないじゃないかと自分自身考えて、そして、それを考えているうちにじーっと私の考え方はさらに一段と進んで、一切の事物の根底に横たわるただ一つのものは、しょせんは純精神的なものだとしか言わなきゃならないなとこう思ったんであります。

だって、見えないものなんだもの。

証拠をつかむことができないものなんだ。

ただ、そう思うよりほか仕方がないものなんだ。

そうしてみると、一切の事物の根底に横たわるただ一つのものは、しょせんは純精神的なものだと言えると思ったんだ。

そうして、この気体の有する働きをずっと考えてみると、全く全智全能のみなぎっているものだということを、また気がついたんであります。

目に触れる草を見ても木を見ても、空を見ても雲を見ても、落ちる滝の水を見ても、人間の力でつくられたものは一つもない。

時がたてば夜が来て、時が来れば朝が来る。朝が来れば昼が来て、昼が来れば夕方が来る。そして何日かたつと季節の別が来て、春が去れば夏が来て、夏が去れば秋が来て、秋が去れば冬が来る。

こういうような事実をじーっと見てみると、この気の持つ働き、いわゆる全智全能のあらわれというものが、人間の知識じゃはかり知るべからざる広大無辺なものだということが考えられたんだ。

そしてしかも、その力の働きが整然たる秩序が一糸も乱れないで行われているというこの自然の状態を見たとき、そして、その自然の状態から生まれた自然の法則をじーっと考えたとき、考え切れない霊智の尊さを感じたんであります。

幽玄微妙と言おうか、神韻縹渺と言おうか、現象界の一切を見れば見るほど、なんともこれを形容する言葉がなかった。

そして、なんとありがたいかな、よく考えてみりゃ、現在こうして山の中に座っている俺は、これはインドの山の中で考えたんだよ、この霊智の力、いわゆる全智全能の働きを持つ気とともにここにいるんじゃないか、いや、気に包まれているんじゃないかと、それでここに座っているんじゃないか、だから俺は生きているんじゃないか、たとえ身に病があっても。

と考えたときに、誰もいないヒマラヤの山の奥にただひとり座っていながら、何の寂しさも感じない、もうなんとも言えない、形容のできない心強さを感じてきたんだな。

そして同時に、さらに私の心はこういうことを考えついてくれたんであります。

この霊妙な万物能造の力のある気と、その気の持っている形容もできない幽玄微妙な霊智とは、なんとお互い人間の心の態度で、これを受け入れる質と量とが非常に相違が来るということを発見されたのであります。

私の心がですよ。

それがあなた方の耳に毎日入れられているわけだ。

すなわち心が病を心配しない、運命を気にかけないという積極的な状態であり能《あた》うとき、今現在あなた方のあるような、無念無想に近い状態で心がある場合、つまり消極的でない場合は非常に、宇宙に遍満存在している宇宙をつくる幽玄微妙な気の持つ霊智というものを受け入れる分量が多く、さらに肉体や肉体から発生する本能や感覚に心が縛られて、心の融通性がきわめて狭くされて消極的になっちまうと、受け入れる受け入れ態勢を妨害したことになる結果として、この尊い力も働きも十分に自分の生命の中に受け入れてくれないという事実を、自分の現在の病を持っている体というもので経験しちゃったんであります。

それまでは何をしてもいっこう丈夫にならないし、自分が現在学位をもらっている医者でありながら、その持っている知識は何も自分の病を治す針ほどの効き目もなく、何をしても実際、ただ死を待つだけの憐れな運命の上に立っている自分だとしか思えなかった、憐れな心を持っていた時代には、それはもうすべてがみんな無駄になっちゃっていた。

それが、インドの山の中へ来てから、もう薬にも頼れない、栄養補給もできないというような絶対な境地に入っちゃってから、ただ山へ行って座って考えているばかりの毎日が繰り返されているうちに、事実が自然と私にこの悟りをひらかせてくれたんだな。

誰に教わるともなく、今までのような刹那刹那を憐れな心細い、力弱い心で生きていた過去と、こうした絶対の立場に押し込められるように山の中に入れられて、そして勢い、自分の心というものが肉体や病ばかりを考えていられないような、不思議な境涯に入れられてから、だんだん自分の肉体の変化がより良いほうに向かっていく事実。

それを考えてみたとき、何も自分があゝだこうだとはっきりしたことをやっているつもりがないけれど、結局自分の心の態度が自然と今までの消極からやや積極のほうに振り替えられただけで、こうなってきたんだなと。

もちろんそれは、いきなり私のようなその当時無学な人間にわかろうはずがないが、だんだん事実によっておぼろげながらも、日一日と感じられてきた。

そしてとどのつまりが、人間の健康も運命も、それを共に完全なものにするのには、結局心の持ち方だなと思ったんであります。

幸い医学を研究しておりましたから、心と神経との関係というものがすぐ考えられたがための結果にはほかならないが。

それで、私が医学を研究していなかったら、おぼろげながらもそこまでは探り当てたかもしれないけれど、それから先の結論がつけられなかったと思う。

しかしまあ、おまけに私の研究した医学が基礎医学であっただけに、臨床医学でなかったからより一層その方面が早く気がついたことも大変な幸せなんですが。

いろいろ私考えてみるとね、私が自分の病を自分の医学的知識で治そうと思ったことから既に考えてみると不思議だと思うんですよ。

そんなことを考えそうもない私が考えて、おまけに今度は医学を研究する場合にいきなりGrund（グルント＝基礎医学）から研究を始めるという気になったのも、これもまた後に考えてみると自分でも不思議でしょうがない。

すべてがこんにちかくあるための、それこそ私の知識でなく、私の思いつきでなく、やっぱり宇宙根本主体の霊智の働きが私の心の中に反映したんだと私は思わざるを得ないんだよ。

それで山の中で静かに考えて、こうして目に見えないけれども一切の宇宙を支配している不思議なエネルギーを我々の生命に受け入れるのを、またそのエネルギーをこの全生命に分配するのも、よく考えてみるとこれは神経が行っているなと、自律神経と中枢神経が行っていると。

そして、その神経は肉体の中にあるけれども、よく考えてみると肉体の中に存在するだけでもって、肉体から受ける影響というものは全然ないじゃないけれどもその影響は相対的だと。心のほうから受ける影響のほうが絶対的だということがスーッとわかってきたんであります。

「死ぬ刹那」まで気楽でいられる考え方

そこで、このわかった、わかったとは悟りだが、この厳粛な事実から悟られてから、今言ったように、今までみたいに証拠を見なきゃ安心できないというような考え方をしているのは大変な間違いだと。

しょせんはこの大宇宙というものは、物質的に考えようとするから失敗するので、大宇宙の根源にさかのぼって考えれば非物質的なものじゃないか。

何も見えない何も感じないものから生まれてきていると。

一番の大根大本は、達磨大師じゃないが、廓然無聖《かくねんむしょう》でナチュラルというものだけじゃないか。ひとりでに発生したというその自然なるものじゃないか。

世界の本質が自然からつくられ、自然の中に非常なはかり知ることのできない働きを行う霊智があるとしたら、しかも、その霊智が見えない人間の生命の中にある心というものの態度で、その受け入れ方が違っているということになってきたら、これは何をおいても、自分というものを完全に生かす一番先決問題は、心の態度から取りかえなきゃいけないじゃないか。

それからまた、考えようによれば、このまま死んじゃったからったって、山の中でだよ、心配しながら死んじまうよりは、あの死刑の宣告を受けて断頭台上に立たされたときのような気持ちで、えーい、死ぬまでは生きているんだという気持ちでもって、死ということから自分の心を遠ざけて生きているほうが、同じ死ぬんでも、死ぬ刹那まで気楽じゃないかと。

これは私の無学な頭、その当時の頭から考えた考え方だが、しかし、そのとき無学な頭で考えた考え方が、今相当にとにかく人生に関する研究をして、頭の中にも人生に関する限りの学問知識を豊富に持っている私の頭の現在で考えても、そのときの考え方に大変寸法違いのないことをいつも感じられるんですから。

ですから、しょせんは人生は心の置き所一つ。

人間の心で行う思い方考え方が一切を良くもし悪くもしてしまうという、普通の人間が考えそうで考えていない事柄が人生支配の根本原則になっているということが、誰にも教わらないで三年山の中で考えていて考えついたんであります。

あなた方は、不思議な因縁でここへ来て、それを聞かれようとしている。聞かれようとしているんじゃない、現在聞いている。

同じことを聞いていても、支払った苦労が少ないために、価値の認識が往々に、お気の毒だがおろそかになるかもしれない。

これもしょっちゅう言っているとおり、Lightly come and lightly go、簡単に得たものは簡単に失い易い。

このあいだ東京で、ある婦人の会員が、「先生、今日、富士山に登ってきた」とこう言う。

「今日、富士山に登ったって、いつから行ったんだい？」と言ったら、「いや、けさ午前に行って、午後に帰ってきて、今おたくへ来ているんです」と言う。

「それ、絵に描いた富士山にでも登ってきたのかい」と言ったら、

「いや、本当ですよ、先生。あら、先生ご存じないんですか」

「何を？」と言ったら、

「今五合目までバスが行くんですよ、冷房で。箱根の山に登るより楽ですよ」と。

スーッと五十分で行っちゃったって、河口湖から。それで、

「五合目まで上がって、それから先が今度、馬で頂上まで行くのなら行けますと言うけれど、女だから馬で行くのはよしてからに、頂上だけ五合目から見ておいて、それからすぐ帰ってきちゃった。もう富士山なんていうものは午前中に行ってこられます」と言う。

何だよ、俺は学生時代に富士山に登るのに三日三晩もかかって行ったのに、バスでもって冷房がしてあって、中でサービスガールが歌を歌って、どんちゃん騒ぎでもって平地を行くようにして登って帰ってきた。何も登山の苦労をしないんですからね。

「どうだったね、富士山は」と言ったら、

「つまんなかった、先生。箱根の山は上がったりおりたりするのがおもしろかった。あんなところは二度行かなくていいところだ」と言う。

富士に登った苦しさが一つもないんですから、ありがたさも何もありゃしない。

それと同じようじゃなかろうかと、実はね、こうやって話しながらもあんた方の顔を見て、もちろん全部が全部じゃない、中には感激の涙で聞いている人もあるけれど、中には早くそんなわからない話より昼飯にしないかなというような顔をして聞いている人もあるらしく感じられるんだ。これは邪推かもしれないけども。

しかし、二度再びほかの講演会では聞けない話なんだからね、こういう話は。

大学に一生いたからといったって誰も聞かせてくれはしない、こんな話。

しかも、聞かせてくれないけれど、宇宙には争われないこうした大きな事実と消息が厳として存在しているんだ。だから忘れちゃならないぞ、特に将来の人生を完全なものにしようとする若い人たちは。

およそ人の心で行う思考というものくらい、人生に対して重大な消長関係を持つものはないということを忘れちゃいけないんだよ。

何事に直面しても、そのときのその人の心の態度がそれをサクセスフルにもすれば、あるいはスポイルもするということを忘れちゃいけない。

たとえちょっとしたことでもそうなんだよ。紙に一本の線を引くときだって、人間の心のそのときの態度が非常に消長関係を持っているだろう。

実際厳かなるかな人間の心こそ、宇宙一切のつくり主たる宇宙霊という造物主と、自分の生命の本体である霊魂というこの気体と、交流、結合せしめるところの一つのサーキュレーションなんだ、これが。

電気で言えば電路だ。電気の専門語じゃ、サーキットという言葉で言っているね、それを。サーキットの一番の焦点がヒューズでつながっている、あの切り替えをするところだね。

私がこの修練会の会員のみに真理瞑想という特殊な修行を行わしめている目的も結局は、これを正しくあなた方の心のものにさせたいからだ。

すなわち人間というものは、それ自身をこの宇宙の創造を司る宇宙の根本主体である宇宙霊と名付けるものと、自由に結合せしめ能うという資格を与えられていることと、同時にまた、これと共同活動を行うことができるようにできているということ。

それで、この二つが正しく理解されて実行されて初めて、人間として生まれた本当の生き甲斐のある人生がつくられるんだということを悟らせたいからなんだ。

人生はただ食って垂れて寝て起きて、何十年かの間、この世の中に人間としての格好で生きるために、この世の中に出てきたんじゃない。

心は、あらゆる悲劇、あらゆる喜劇を生み出す秘密の玉手箱である

よーく考えてごらん、何のために万物の霊長たる人間として生まれたかということを。

私は全然三十五歳まで考えなかったんだぜ。

本当に考えなかったよ、知らなかったんだから。知らなかったというより、むしろ誰も聞かないもの、私に。そういうクエスチョンを私にした者はないんだもの。

アメリカにもヨーロッパにも長くいたけれども、偉そうな顔してからに、いや、アメリカだヨーロッパだと先進文明国の人間のような顔をして、そこに世界的に有名な名高い学者がたくさんいて、その学者が、この肝心要なクエスチョンを私にしてくれなかったんだ。

それがインドの山の中へ行って初めて私は、「おまえ、何しにこの世に来たか知っているかい」って言われたとき、実際恥ずかしいのと悔しいので、いたたまれないような自責の念と言おうか反省の念と言おうか、あのときぐらい私は自分自身形容もできない辛い思いを感じたことはなかったな。

クエスチョンはきわめて簡単だったんだ。

Say you know, for what purpose was man born into this world.

それを言われたとき、私はハッと思って胸に五寸釘を打たれたような気がしたよ。何も知らないんだもの、それまで。

それが何しろ今から六十年前。そしてまた言うことが、きわめて我々が普段常識的に考えていないようなことを言うもんですから、しかも、その言うことがきわめて階級の高い悟りがひらけていないとわからないことを言っているんだけれども、こっちの頭がずっと程度が低いもんだから、言っていることもくだらないことを言っているようにしか考えないんだ。

この世の中におよそあれじゃねえか、生まれてくる人間が注文して出てきているやつは一人もいないじゃないか。

したがって、「おまえ、どういうつもりでここに生まれてきたかということを考えたことがあるか」なんて、何てことを抜かしやがるんだろうと思った。

文明人がそんなくだらないことは考えないわい、とこう思った。

ところが、くだらないことじゃない、それ考えてなきゃ本当の人間じゃないんだな。

例えば往来で友だちに会った、その友だちがどこか旅行に行くような風をしているから、「おまえ、どこかへ行くのかい」と言ったときにその友だちが真面目な顔をして、「それがね、どこへ行こうかと思って出てきたんだけれども、どこへ行ったらいいだろう？」と質問者にそういう反問をしたら、質問したやつはあっけにとられるだろう。

あほかいな、これ、行く先定めないでうちを飛び出してくるやつがあるかいなとこう思うだろうが。

ところが、私は三十五歳まで、自分の人生に生まれてきた目的がわからなかった。考えたことがないし、またそれを質問されたことがないから。

だから、そのときにね、無邪気に私は、「先生、私、実はそんなことは知りません」と言えばよかったんだよ。

それが、負け惜しみがあるものだからね。この節の流行り言葉じゃないけれど、「知っちゃいるけど言われねえ」と言っちゃったんや。

なまじ片言に英語ができるだけ恥をかいちゃった。

それで、自分では立派な答えをしたつもりなんだよ。

そうしたらインドの先生、じっと私の顔を見てね、「今まで俺が思っていたよりおまえはよっぽどバカだな」と言いやがる。

じゃ、まるで形なしじゃないか。

それで、半年かかったよ、何のために生まれてきたかを考えろと言われたから。

幼稚な頭で、頭の中にある学問は医者の学問よりほかはないんですからね。

ここに大学を出ている人もあるし、大学にいる人もあるけれど、考えてごらん。大学ぐらいへ行ったからって、またそれを出たからってたいした学問がある人間じゃあらしないわね。出ない人間よりいくらかあるだけで。

大学出たやつが、出ると同時に大学で教わったことを忘れるやつさえ多い世の中だ。だから私の頭の中で即座に考えられるはずがない。

おまけに哲学的思想がないものだから、どうもいろいろ考えてみて、どう考えてみてもこの万物の霊長という名前は人間がつけたんだから、これは余りにも結局、我田引水的じゃないかと思ったんだ。

犬や猫や猿が寄り合いをして、どうも人間というやつにはかなわねえな、だからあれを万物の霊長に推薦しようじゃないかと言って俺たちが万物の霊長になったのなら、これは確かに万物の霊長だけど、そうじゃねえぞ。

人間が勝手に自己推薦しているんだから、これはどっちかというとself-boast（自己自慢）じゃねえかとこう思った。

それで、考えてみると万物の霊長というのは名ばかり結構だけれども、もう見る限り知る限り、他人はいざ知らず自分なんか考えてみれば今まで、いっこうに万物の霊長たるありがたい目に遭ったことは一遍もねえじゃねえか。

のべつ年中人生に味わうのは嫌らしい不幸な方面ばかり。

しかも、そうすることが万物の霊長とすれば、人間というものはこの世の中にさいなまれに来たもの、苦しませられに来たものじゃねえかとこう思った。

平気でそれを答えたんだよ。

そうしたらもう一月《ひとつき》ばかり首が回らねえほど張り倒されちゃった。

答えが間違うとすぐ張り倒すんですからね。

間違っているとは言わないんですよ、パーンと来るんだから。

禅の問答と同じなんだ。

それからまた三月《みつき》考えたよ。

考えてようやく私は、宇宙の根本主体の持っている働きのほうから人間を考えてみようという考え方が出たわけなんだ。そして、今日の最後にあなた方に与える誦句のようなものをずーと思いついてきたわけだ。

人間それ自身の存在だけを考えると、いかにもプア（貧弱）な、そしていかにもハッピレス（unhappy＝不幸）のように感じられるけれど、宇宙の根本主体の持つ幽玄微妙な働きと人間の生命との関係を考えてみると、これは俺の間違い方は大変な見当違いから生み出されていると思ったんだ。

秩序と均整のとれている宇宙根本主体の働きによって支配されたこの現象界に生み出されたものの中の一番すぐれた存在である人間が、この世の中に苦しみに来たなんて解釈は、既に俺のコンクルージョン（結論）が間違っているなと思ってね。

この宇宙に存在するtrue fact（実情）というものを考えてみると、ははあ、これは大変な違いをやっているぞと思った。

結局この世界に存在する事実が進化と向上ということを考えてみると、しかもそれが、宇宙の根本主体のアイデアであるということを考えてみると、ははあ、人間は、この進化と向上に順応するために出てきたんじゃないかいなと思ったんだよ。

もちろん、そのとき確たる信念はないんだよ。そうじゃないかいなと思っただけ、calculate（推定）なんだ。

けどまあいいや、間違ったらまたぶん殴られるのを覚悟で、自分の考え方を半信半疑でもって、ちょうど不勉強のやつが試験場に入るような気持ちでもって先生のところへ行ったんだ。

人間はそれ自身をこの宇宙の創造を司る造物主と称する宇宙根本主体である宇宙霊と自由に結合せしめ能うキャパシティを与えられてあることと、同時にまたそれと共同活動を行わせる一切の力が与えられてあると。それを本当に理解して、そのうえで生きる者が本当の生き甲斐のある人生をつくられるんだと。

この悟りがひらけてから以後の私は天馬空《てんばくう》だ。もう誰にも追随を許さない幸福でもって毎日生きていられます。

人間の生きる世界の中に地獄と極楽があるのも、結局心の持ち方一つによってつくられる現象だ。そは、あらゆる悲劇、あらゆる喜劇を生み出す秘密の玉手箱とも言うべきものは心だ。だからそれを巧みに使いこなしていってこそ、理想的な生き甲斐のあるものが人生として生まれてくる。

それを巧みに使いこなしていけば、人は常により良き人生の主人公となり得て、本当に幸福というものを感じられる。

だから、忘れちゃいけませんよ、どんなことがあろうと自分というものはたった一人でいるんじゃないんだと。「孤《こ》ならず」。

常にこの宇宙霊というものに包まれていて、しかも、その宇宙霊というものは全智全能を持っているんだ。

それと結びついている自分が生命を持っているんだと。

つまり無限大に考えていい霊智によってつくられた宇宙の中に、一番すぐれた者として自分はつくられたという、この正しい事実を、心の中でしっかり決められていりゃ、もう恵まれた人生に生きるなと言ったって生きられる人間がつくり上げられるわけだ。

大変難しかったようだが、よく考えてみれば易しかったな。

今日は、人間の心のあり方に対する事実が、それが結局人生を支配する法則の根本となっているということがわかった。

結局人生をあまり難しく考えるなよ。

難しく考えるてえとわからなくなるから。

結局足元に真理はあるんだ。

非常な高遠な学理の中にあるんじゃないんだから。

といって、軽はずみな考え方はもとより許されない。

ただ、おおむね多くの場合、なまじ生中《なまなか》少しでも学問をした人間になると、真理というものを足元から遠く、大海の海の底か、深山幽谷の奥山の中にあるように思い違いするからね。

人間それ自体の生命の存在を論理思索の中心点に置いて考えていくと、たいした的外れは来ない。

その的外れの来ないところを土台としてつくった思考作用の誦句がある。

これから聞かせる。

「思考作用の誦句」

「思考作用の誦句」
吾は今　宇宙霊の中に居る。
吾は又　霊智の力と倶《とも》に居る。
そもそも宇宙霊なるものこそは、万物の一切をより良く作り更《か》えることに、常に公平なる態度を採る。
そして　人間の正しい心　勇気ある心　明るい心　朗らかな心という積極的の心持で思考した事柄にのみ、その建設的なる全能の力を注ぎかける。然《しか》り而《しこう》して、かくの如くにしてその力を受け入れしものこそは、またまさしく力そのものになり得るのである。

今もそう言ったろう、難しく考えなくたっていいだろう。
これだけのことを考えていりゃいいんだ。

さあ、一緒についてこい。

思考作用の誦句

一同　思考作用の誦句

吾は今

一同　吾は今

宇宙霊の中に居る。

一同　宇宙霊の中に居る。

吾は又

一同　吾は又

霊智の力と倶に居る。

一同　霊智の力と倶に居る。

そもそも宇宙霊なるものこそは、

一同　そもそも宇宙霊なるものこそは、

万物の一切をより良く作り更えることに、

一同　万物の一切を良く作り更えることに、

常に公平なる態度を採る。

一同　常に公平なる態度を採る。

そして　人間の正しい心

一同　そして　人間の正しい心
勇気ある心
一同　勇気ある心
明るい心
一同　明るい心
朗らかな心という
一同　朗らかな心という
積極的の心持で思考した事柄にのみ、
一同　積極的の心持で思考した事柄にのみ、
その建設的なる全能の力を注ぎかける。
一同　その建設的なる全能の力を注ぎかける。
然り而して、
一同　然り而して、
かくの如くにしてその力を受け入れしものこそは、
一同　かくの如くにしてその力を受け入れしものこそは、
またまさしく力そのものになり得るのである。
一同　またまさしく力そのものになり得るのである。

昭和三十三年（一九五八年）　神戸

第四章

潜在勢力という絶大なる力

人間本質自覚の誦句

宇宙も人間も「気」が結晶した現象だ

今日は、人間の生命と宇宙の生命とのつながりというものを科学的に悟ることにしよう。もとい、科学的に説明して、諸君に悟らせることにする。

もちろん、この悟りがひらけると、あなた方の人生に対する考え方の上に、一段と進んだ正しい解決がつけられる。

そこで、人間の生命と宇宙生命とはどんなつながりを持っているかというと、厳密に言うと、一つの流れの中にあるものなんだ。

ところがたいていの人が、宇宙生命というものと自分の生命とを別々に考えてる。

もうそれがそうだということは、昨日の説明をよく聞いていた人は、何の迷いもなく、今言った言葉をそのまま無条件で受け取れたと思う。

昨日、私こう言ったね。今、我々の知っている宇宙というものは、初めからこういう姿であったんじゃないんだって。

初めは何もなかったに違いないと。

ただ、あったのは気だけだ。

この気が、精神科学ではvril（ヴリル）と言い、近代科学はこれを極微粒子と言っている。それから古い科学では、これをエーテルと言った。我々の学校時代じゃ、この極微粒子説をまだ唱えだした者がないものだから、漠然とただエーテルと名付けている。

哲学のほうではこれを精気と言っている。

インド哲学では（註：別の講演において「中国宋代の儒教哲学では」という発言もある）これを先天の一気と言って、さらに別の名前で宇宙霊という名をつけている。

いずれにしてもしかしとにかく、一つの気だ。

見えざる気。

その気が、今あるがごとき宇宙をつくったのは、その気が要するに結晶したものだと言っていい。そういう気のクリスタルだと言っていい。

だから、その言い方から考えてみると、あなた方一人ひとりもやっぱりこの気のある操作によって結晶されたものだ。

そうしてみれば、分析的な考え方から言ったら、あなた方はこの気の現れであるということが言える。

ところが多くの人々の妄想念《もうぞうねん》は、肉体が自分だと思っている。

あるいは肉体の生命の存在している間に働くところの感情や感覚を表現する心が、自分だと思っている人もある。

しかし、これは研修科のほうの講演を聞いた人は、それがそうでないことがわかっているね。

人間の本当の正体は霊魂という気で、心や体というものは、その気というものが現象世界に、ある活動を行おう、言い方を換えりゃ、生きている姿を現実に表現しようがために、必要な道具として使われるようにできて、生まれてきたんだ。

これはやがてね、人間のできるときの順序を説明して聞かせると、すぐわかる。

何が一番先にできるかと。

お医者さんでもこの胎生学を知らない医者は、肉体が先にできるように思うんです。

違うんだ。

一番先にこの気が受け入れられて、気が結晶するときの順序は、体が先にできるんじゃないんだよ。

一番先にできるのはなんだというと、俗に言う心の働きを行う道具が先にできちゃう。

心の働きを行う道具とは何だというと、神経系統。きわめて簡単に説明すりゃ、一番先に、思ったり考えたりする心の働きを行う部分ができる。

これを脳髄腑と言う。

それから同時に今度は、体のほうを生かしていくのに必要な、俗に言う植物性神経。専門的に言うと自律神経という神経ができあがる。

これで二つの神経が一番先にできて、それから肉体ができる。骨ができたり、肉ができたり、毛が生えたり。赤ん坊のうちから毛は生えないかもしれない。頭の毛は生えてるけどね。

心の働きを行う二つの神経の区別を、科学は動物性神経、植物性神経と名をつけている。

哲学のほうは動物性神経のほうを実在意識領と言い、植物性神経のほうを潜在意識領と、こう名付けている。

そして、この世に生まれて出てきたお互いは、最初の間はこの実在意識も潜在意識も、自分が単独に人生に生きられるまでは、要するに育ち上がるまではだね、単独に生きあがって後に必要とするような程度までは発達しないのであります。

だから生まれたての赤ん坊から、幼《いとけな》き子から少年になる間の実在意識や潜在意識の発達の状態が、いきなり大人と同じようなやつはいないだろう、いくらませてるやつでもね。

そうして、もう五つ、六つ頃になると、実在意識も潜在意識も、人間としてこれから生きるのに必要な状態までに発達する。

何もかもすべてを潜在意識に任せてしまえ

そして、こうしてお互いがとにかく、生きるのに何の不自由もなくその心を使って生きられる程度にまで、その神経系統というものが働くように自然がつくってくれているのだが、ただここで我々が夢にも忘れちゃならないことは、二つ三つある。

第一は、実在意識が行った事柄は、そのいかなることかを問わず、それがしばしば繰り返されると、しまいに潜在意識の支配でそれを行い得るようになる。

すると、その人生行動なり動作は、きわめて簡単明瞭に、なんらの心を使わずにでき得るような、きわめて便利な状態になるということ。

これをまず第一番に諸君が知っておくと、そしてそれを応用していくと、人生に生きる場合、諸事万事に余計な精神生命の消耗や疲労を使わないでできるようになる。

できるようになるというよりむしろ、余計な精神生命の消耗や、あるいは疲労を大きくしないで生きられることになる。

するとその結果は、世にもくだらない神経衰弱だとか気が弱いとかという人間でなく生きられるようになるわけだね。

しかも、それをあなた方が知らないいんじゃないんだ、知っているんだ。

何か初め手慣れないことをするときには随分気を使ってやったけれども、気を使っているのは実在意識で終始これを監督しているから気を使っているわけで。

ところがやるにしたがい、いわゆる慣れてくれれば、ねえ、今度は何もたいして実在意識の監督を請求しなくても、きわめて簡単明瞭にそれができるようになるだろう。

それは潜在意識が今度は監督するようになったから。

例えばタイプライターひとつ打つんだって、自転車ひとつ乗るんだってね、ミシンひとつ踏むんだって、最初はなかなか、それはまあ、うまくいかなかったやつが、だんだんだんだん慣れるにしたがって、へっちゃらで、しまいには鼻歌まじり、人と冗談を言いながらでもできるようになってくるだろう。

最初は実在意識が一生懸命にこれを監督してたんだけど、いつか知らない間に潜在意識のほうへそれを申し送りしちゃって、潜在意識がそれを受け取ってしまうと、もう実在意識に関係なく、どんどんどんどん簡単明瞭にでき得るようになると。

ここにこの、ありがたい人間への恩恵があることを考えたら、人生に生きるすべてのことは、みんなこの潜在意識の中に送り込んで、実在意識はあまりこれに関係しないようにするてえと、いつも悠々自若《ゆうゆうじじゃく》としてからに、何事にも心をとらわれないで生きられるという、きわめて結構な状態になれるわけだね。

潜在意識というのはご承知のとおり、肉体の生命を保つのに必要な、重要なことを監督して行っている意識であります。

少しも実在意識の監督を受けることなしに行い得るようにできているから、実在意識がこれをどうすることもできない。

例えば心臓の鼓動、肺臓の伸縮運動、食物の消化作用、ありとあらゆるすべて肉体生命を生かすのに必要なものは、みんなこれを潜在意識の支配で行われるんだがね。

だから、さあここで我々が考えなきゃならないのは、何もかもすべてこの潜在意識の力に任せて生きるようにしてごらん。

潜在意識というのは直接的にこの宇宙の根本要素である宇宙霊という一つの大きな霊智生命の躍動している気の分け前を受けているものなんだから、潜在意識の中に任せている限りは、決して人間というものは、疲れもしなければ、くたびれもしないんだよ。

よく、気を使ってくたびれたとか、あんまり仕事が忙しいのでもって、そのためにすっかり気疲れしましたなんていうのは、実在意識を使いすぎたときの結果。

潜在意識を使っている分には、決して潜在意識というのはくたびれない。

くたびれない証拠は、潜在意識は実在意識と違って、夜、よく諸君が何の気もつかないほど熟睡している場合でも、決してその活動をやめないのであります。

潜在意識が活動をやめたら死んじまう。

そしてこの不思議な働きを持っている潜在意識の働きぶりを、実在意識は全く感じないから、意識していない。

あべこべだ。意識しないから感じない。

けれども潜在意識は、実在意識が知っていようと知っていまいと、勤勉なる労働者の如く、忠実なる使用人の如く、いかなる場合でも我々の生命をより新しく、より健《すこ》やかに守ろうがために働いてくれている。

だから、厳密な意味を言えば、昨日も一昨日も言ったとおり、人間というのは現在よりもすぐ次、次よりもその次のほうが生命も運命も一切が進歩し向上してこなければならないはずなんだ。

なぜかと言や、刻々に甦《よみがえ》り、刻々に生まれ変わっているんだから。

体の弱い人や運命の良くない人がやらかしていること

これを科学のほうでは再生力と言っています。

再び生まれる力と。

この再生力というものが、結局潜在意識にあるから、潜在意識に任せっきりにすりゃ、もう再生力がぐんぐん働くんだが、そのときにもしも実在意識のほうから何かの悪い干渉をすると、この再生力というものは完全に働かない。

よく、ひどい病のときには人事不省《じんじふせい》になる。

人事不省になると、もう実在意識は干渉しないから治りが早いというわけ。

病気になるとやたらに眠くなる。

よく寝さえすりゃ病は治る。

それは何も実在意識のほうから干渉しないから、潜在意識のほうは思う存分働けるという結果が来る。

それからまた、気持ちが明るくなって朗らかになって活き活きとして勇ましくなると、病人も健康を回復し、運命も良くなるのもそのとおり。

そういうときには実在意識は潜在意識の働きに何も横やりを入れない、干渉しないもの。

ところが心配だ、煩悶だ、苦労だ、迷いだ、苦しみだ、悶えだ、悲しみだ、怒りだ、怖れだというような消極的な気持ちを持つと、すぐそれが潜在意識の働きに妨害を与えることになる。

潜在意識というものは、人間の実在意識の状態、言い換えるとそのときのその人の心の態度に著しく感じ易いんであります。

とっても感じ易い。

その人がこういう消息を知ってても知ってなくても、それは別ものだよ。

感じ易い、とっても。

だから、実在意識に発生した観念の状態というものは、良きにつけ悪しきにつけ、すぐパッと潜在意識に反映するんだ。

だから万一、人生に生きるときに、ちょいとでもだね、人間が消極的な気弱な、退嬰《たいえい》的（進んで新しいことに取り組もうとしないさま）な、因循《いんじゅん》（思い切りが悪くぐずぐずしていること）な、引っ込み思案的な、憂鬱な気持ち、心持ちになると、その心持ちが即座に潜在意識にパーッと感じるんだから、感じると同時に潜在意識の働きが、ふらふらっと調子がかき乱されちまう。

体の弱い人や運命の良くない人は、結局要するにそうしたことが原因だということがわかったろう。

だからできるだけ、潜在意識という、感謝しきれない尊い働きを持つものが生命に与えられて、我々の生命を生かすために努力してくれているんだから、この潜在意識にお任せするというふうにして、人生を生きなきゃいけない。

お任せして生きようには、潜在意識の仕事を妨害しないようにしなきゃ。

潜在意識の仕事を妨害する事柄の中で一番おっかないのは、この心の持ち方なんだ。

今まで気がつかなかったために、これを心配せずにいられるかと。あるいはこれを腹立てなきゃバカだと。これをおっかながらなかったらよっぽどどうかしている、てなふうな変な理屈をつけて、実在意識を悪い状態にする、消極的な状態にする。

それを当たり前だと自分じゃ思ってても、当たり前でない証拠は、その実在意識の状態を消極的にした事柄がすぐ潜在意識の働きにグッとこう、大きな妨害を与えたことになる。

スムースに回っている歯車の中に、急に大きな歯車の回るのを邪魔するような棒杭を入れたと同じようなことが、結局心配や煩悶や怒りや悲しみや怖れという心を起こしたときに生じるんですよ。

わかったね。

よく考えてみりゃ人間はだね、命がけで怒ったり悲しんだり怖れたり、憎んでみたり妬んでみたり迷ってみたり悶えてみたり苦しんでみたりしなきゃならないことはありゃしない、この人生に。

そう思うのは結局、今さっき言ったとおり、一つの妄想が諸君をそう思わせている。

妄想というのは、ありもしないものを絵に描いておっかながっているのと同じなんだ。

今仮に、壁に幽霊の絵を描いて、一人でおっかながっているやつがあったら、あなた方はその人間を非常に感心な人間と褒めるかい。

どうだい、こうした悟りがひらければ、一瞬にして人生というものはパーッと明るいものに感じるだろう。

ここなんだ、悟れば一瞬にして喜び来たり。迷えば永劫に不幸来たる、というのは。ね。

できない人間をできた人間にするための教え

できている人とできていない人は、生きている姿はちっとも変わらないけれども、ね、普段の人生に生きるときの心構えというものが全然違う。

ところが今の世の中、じっと見渡すてえと、そうした正しい自覚で生きている人はきわめて少ない。

人、人、人という仲間のすべてがみんな、知らないとは言いながら、生命を守ってくれる潜在意識の働きをしょっちゅう妨害するような心の態度で生きているだろう。

明るさもなきゃ朗らかさもなきゃ、活き活きとした勇ましさもなく、ねえ、のべつなんだか知らないけど、しょっちゅう悶えてる、悲しんでる、怒ってる、怖れてる、妬んでる、憎んでる。

笑い顔ひとつ見ても、本当に晴れ晴れしく笑うやつはいない。

お付き合いで笑うやつはいてもね。

できない人間でもって一生を送るより、できた人間になって一生を送らなきゃ。

だんだん心の迷いが取れてくると、私の言うことがいちいち本当だ本当だと思うようになるよ。

心の迷いが取れないと、「先生はお偉いから、ああおっしゃるんだけど、なかなか私たちはできない」って言葉で自己弁護しようとするだけのことで終わる。

私はそういう言葉を言う人に会うと、どんなに古い人でも、その人に心の底から、情けない惨めな気持ちを感じますよ。

そういう人は何かこう、こういう教えはできている人でなきゃ守れないものであるように思っている人なんだ。

天風の教えるすべての教えは、できない人をできるものにするために教えている。

できている人間に何も教える必要はない。

できない人間が多いから、そのできない人間をできた人間にしようがために教えている教えを、できた人間でなきゃできないもののように思うというのは、どういうものなんだ、これは一体。

できないものをできるものにする教えを教えているのを、できないものがやろうとしないで、できなきゃできないと思ってたらば、できないものはいつまでたってもできないもので終わっちまいやしないかってんだ。

わかってるかね、私が言ってること。なんだかさっぱりわからなくなっちゃっちゃいけないんだよ、こういう言葉が。

できちゃった人間は、できないときにやる方法をやる必要はないんだよ、わかったかい。

できない人間に、できる人間にしようがための方法を教えているんだから、できなきゃできないというふうに言わないで、できないうちからやるんだという気持ちになってごらん。

そうするとできる人間になれるんだ。

「人間本質自覚の誦句」

さあ、これから聞かせる誦句をよーく味わうと、ああ、なるほどそうだということがわかる。

誦句をただ空念仏《からねんぶつ》でもって、上の空で読んでちゃ駄目だよ。

心《しん》から自分の魂のものにしなきゃいけない。


誦句を与える。

今日の誦句は「人間本質自覚の誦句」という。人間本質自覚の誦句。人間の本当の姿ってものはどういうものかと。

「人間本質自覚の誦句」

人は万物の霊長として、宇宙霊のもつ無限の力と結び得る奇《く》しき働きをもつものを、吾が心の奥に保有す。

かるが故に、かりにも真人《しんじん》たらんには、徒《いたず》らに他に力を求むる勿《なか》れである。

人の心の奥には、潜在勢力という驚くべき絶大なる力が、常に人の一切を建設せんと　その潜在意識の中に待ち構えて居るが故に、如何なる場合に於ても　心を虚《きよ》に　気を平《たいら》にして、一意専心　この力の躍動を促進せざるべからず。

はい、どうぞ。

人間本質自覚の誦句

一同　人間本質自覚の誦句

人は万物の霊長として、

一同　人は万物の霊長として、

宇宙霊のもつ無限の力と結び得る

一同　宇宙霊のもつ無限の力と結び得る

奇しき働きをもつものを、

一同　奇しき働きをもつものを、

吾が心の奥に保有す。

一同　吾が心の奥に保有す。

かるが故に、かりにも真人たらんには、

一同　かるが故に、かりにも真人たらんには、

徒らに他に力を求むる勿れである。

一同　徒らに他に力を求むる勿れである。

人の心の奥には、

一同　人の心の奥には、

潜在勢力という驚くべき絶大なる力が、

一同　潜在勢力という驚くべき絶大なる力が、

常に人の一切を建設せんと

一同　常に人の一切を建設せんと

その潜在意識の中に待ち構えて居るが故に、

一同　その潜在意識の中に待ち構えて居るが故に、

如何なる場合に於ても

一同　如何なる場合に於ても

心を虚に　気を平にして、

一同　心を虚に　気を平にして、
一意専心
一同　一意専心
この力の躍動を促進せざるべからず。
一同　この力の躍動を促進せざるべからず。

昭和三十七年（一九六二年）
京都

第五章

言葉の誦句

かりそめにも、わが舌に悪を語らせまい

実在意識の状態が潜在意識の働きに影響を及ぼす

昨日までの私の話で、自分の心の態度というものが、積極、消極の、プラスかマイナスの二つの相違で、人生というものは全然それは違った状態になってしまうということを悟った。

ところがこの話してもらえばすぐわかる事柄がだ、常日頃の人生に生きているときはなかなかわからない。

それはね、そういう方面に注意が振り向けられないで、現在の感情だとか感覚に自分の心がすぐ組み敷かれてしまうからであります。

もっとも、天風会員になっての以来は、まさかそんな醜い状態にはならないであろうけれども、天風会員になる前までというものはね、それはもうやたらに怒ってる、やたらに怖れてる、やたらに悲しんでる、やたらに憎んでる、やたらに悶えてる、やたらに悩んでる。

いろいろさまざまと心の中は常に自分の感情に、あるいは感覚に汚されていたということは、みんな思い当たることだろう。

そしてしかも、人間の生命と宇宙の生命と、ひとつ流れの中にある関係があるということを知らないからでもあったろうけれども、そういうふうな状態に心を思わせ考えさせているてえと、ひとつ流れの中にあるんだから、すぐそれ、その思い方考え方のとおりのよくない状態が人生に表れてくる。

いわゆる因果律の法則ね。compensation の、これはもう犯すべからざる真理なんだから。ところがこの大事なことが、学校でも教えてくれなければ、また普通の学者の著している本にも書いてないのであります。

もっともそれは、学校の先生をはじめとして、学者や識者もやっぱり感情や感覚の虜《とりこ》になって、この貴重な人生というものをだな、心ならずも汚していることに気がついていないからでもあろうけれども。

とにかく人間の心というものは、あだやおろそかにしてはいけないということがこれでわかるだろう。

そのくせ学者は、いや実在意識がどうの、潜在意識がどうのとは言っているんだけれども、その実在意識と潜在意識とが、車の両輪のごとく、片方が速く回って、片方が遅く回れば、一つ所をくるくる回っちまうのと同じようなふうで、それがありがたいことには、片方の回る速度と同じように片方が回ってまっすぐ行けるのと同じように、実在意識というものの考え方思い方というものは、すぐ潜在意識に、ものの声に応ずるように、同じ回転率でもって影響していくのであります。

だから、実在意識の持ち方というものは本当に、それはもうちょいとでも落っことしたら壊れちまうようなものを、大事に持って歩くのと同じような心がけでもって、自分の心というものを、念を入れて取り扱っていかなければいけないんだ。

こういう話を聞いているときだけは「ああ、そうか」と思いながら、もう間もなく何か腹が立つことがあったりすると……大体腹が立つことがあるというのが間違いなんだからね。

そんなことに心が関わり合わなきゃ腹は立たないし、悲しいことがあるから悲しむんだって言ってるが、悲しいことが目の前に出ても、心がこいつを取り上げなかったら、その悲しみの中に引きずり込まれる気遣いはないのだから。

そうだろう。

例えばこういう話を聞いているときでも、一心にこの話に取り組んでる人間というものは、ほかのことを考えてないけれども、上の空で聞いている人は、この話をただ右の耳の穴から左の耳の穴へ通り抜けさせているだけでもって、「早くもういいかげんにやめちゃって飯を食わせないか」てなことを考えてたら、何を聞いていたんだかちっともわからなくなっちまうという結果しか来ない。

お互いがそれを気づく気づかないを問わずだよ、真理というものは、あんた方がこの世に生きている間はもちろん、死んじゃってからにどこかに行っちゃったって、この宇宙のある限りは真理というのは消えないんだもの。

だからこの峻厳犯すべからざる真理を慎ましやかに考えなきゃ駄目だよ。

そして常に実在意識というものの思い方考え方から、全然何の関係がないように考えられているところの肉体の生命を保つ内臓の方面にまで、もう、もっと極論すれば手の先、足の先までも影響するということを忘れちゃ駄目だよ。

それはなぜだと言うてえと、我々の肉体の内部生命の一切の作用を司っているのは、これは生理解剖のほうでいくと、自律神経というのがこれを受け持っている。

その自律神経というのは潜在意識が監督してやっている。

実在意識の直接監督を受けないで、潜在意識というのは造物主から直接の監督を受けて、いろいろさまざまと我々の肉体を生かすのに必要な仕事を行ってでくだされるんだが、ここで我々が注意深く忘れてならない事柄が一つある。

それはなんだと言うてえと、実在意識が直接に監督する権利は、潜在意識に対してないけれど、けれど、実在意識の状態が潜在意識の働きのうえにすぐ影響するということ。

これは忽《ゆるが》せにすることのできない事実なんだよ。

監督権はないけれども、実在意識の状態、いわゆる思ったり考えたりする思い方や考え方の善し悪しが、よろしいか、自分の支配下にない、造物主の直接的な支配下にある潜在意識に、ものの声に応ずるように影響するんだ。

そうすると、命を完全な状態に守っていこうがために、必要な働きを行っている潜在意識がだ、十分に働きを行うことができない結果が来る。

するてえと、どんなに念を入れて、いや、食いもんだ、薬だと、病状手当に心を砕いてみても駄目だ。

そういうものでは影響を受けている良くない潜在意識の働きが鈍っているのを取り返すことはできないもん。

一服の薬を飲まなくたって、どんな養生のものを食べなくても、ね、実在意識の思い方や考え方が常に積極的で、どんな場合があっても明るく朗らかに、活き活きとし勇ましい状態でいると、自然と心は尊く、強く、正しく、清く、そうあらしめようと思わなくてもそうなってるから。

そうすると思うことも考えることも、したがってだ、正しい心、勇気ある心、明るい心、朗らかな心と言っていいような状態のこと以外のことは考えないから。

そうするてえと、そうら、潜在意識というものは、さあもう、思い切りなんの邪魔も妨害もされないでもって働くだろう。

価値のなかった自分にどんどん値打ちが出てくる

「観念要素の更改」というのを私が話しているときに、夜の寝際に自力でやる方法として、できるだけ昼間関係した消極的なことは心に持ち込んじゃいけないよと。

持ち込まない秘訣は、もちろんこれは修練会に入りゃ、安定打坐《あんじょうだざ》というものがあるから、安定打坐でもって持ち込まないことはできるけれども、しかし安定打坐を知らない間は、できるだけ考えりゃ考えるほど面白く、思えば思うほど楽しいことだけ、思ったり考えたりをしなさいと。これを教わって、みんな覚えてるだろう。

あれは便宜上、夜の寝際と言ったが、朝から晩まで、始終自分の心の中、自分が思えば楽しく、考えりゃ嬉しいことだけ、思ったり考えたりするようにしてりゃいいんだよ。

そして、日常の人生に行う事柄も、行えば行うほど面白く、やればやるほど楽しいことだけを自分の人生に選んで行うようにする。

もちろん皆さんは、何をしたら楽しい、何をしたら楽しくないというようなことは、だんだん区別しなくなるでしょう。

何事に対しても感謝し、何事に対しても面白く、何事に対しても楽しめるようになろうけれど、とりわけてその中でも自分の思うことや考えることが楽しくて、嬉しくてたまらないことを、思ったり考えたりすることは、思い続けていていい、考え続けていていいわけなんだよ。

そうすると潜在意識はそれにバイブレーションを受けて、それはもう実に自分でも考えの及ばないほど、尊い以上の頼もしい働きを肉体に行ってくれる。

そうするてえと、弱かった自分がどんどん強くなって、価値のなかった自分にどんどん値打ちが出てくるという、当然の結果が来るんであります。

とにかく忘れちゃならないよ。

ちょいとしたなんでもないような思い方考え方でも、その思い方考え方が積極か消極かで、驚くべき建設と破壊の二方面に、深甚《しんじん》な、まったく表と裏と違うような変化が来るんだからね、生命に。

だから、真理の上からはっきり言っちまうとだ、丈夫になるとか、運命を良くするとかということは、病気になるとか、運命を悪くするとかということより易しいわけなんだな、結局。

ところが、難しいことのほうがあなた方が上手でもって、易しいことを知らないからやらずにいたという滑稽を、自分自身が演出していながら、そこに自分の非常な誤りがあったことを知らなかったという粗忽《そこつ》が、誰に頼まれたわけでもなかろうにさ、長い間、不健康に悩んだり、不運命でねえ、もたついていたという、実際考えてみると愚にもつかねえことをやってたのであることは、反省しなきゃ駄目だよ。

だからしょっちゅう楽しいことを思うようにし、いえ、今まで楽しくなかったことでも楽しいことに振り替えなきゃいけない。

「面白き こともなき世を 面白く すみなすものは心なりけり」

苦をなおかつ楽しみに振り替えていくような気持ちになって人生を生きていくてえと、その心がけが既に実在意識を立派に整理することになるから。心がけで整理されていく。

すると、実在意識が整理されていくてえと、今までのようなくだらないことを思ったり考えたりしなくなる人間になれることは当然だろう。

整理されたところに悪いものがある道理がない。

そうするとその影響がたちまち、きわめて良好な事実でもって潜在意識に、これは鏡にものを映すように映すんだから、それは健康だって運命だって、良くなるのが当然じゃねえか。なぜかと言うと、人間、万物の霊長たるありがたい生まれつきに与えられた力が、ぐんぐん、ぐんぐん求めざるに、健康的な方面や運命的な方面に働き出すから。

しかもこの真理は、いかに文化が進もうと、どんなに時代が、ねえ、現在よりもより遥《はる》かに文明になろうと、この宇宙に行き渡っている真理の行う秩序というものは、どんな場合があっても変わりっこないんだ。

千年前は地球があべこべに回ってたとか、いや一万年前には夜が昼で昼が夜だったなんてことはないだろう。もっとずっと前、五十万年も前にいくてえと、実は海から山の上へ川が流れてたなんてことはなかったはずだ。

引力の法則でも重力の法則でも、求心力でも遠心力の事実にしても、電気、磁気の作用でも、さらに進化の法則や新陳代謝の事実まで、絶対に変わってません。

どんな場合にも変更するということはない。

すべてのものが秩序正しく、厳粛に行われているこの宇宙の中に生まれている人間だけが、人間として持つべからざる心を持ったり、考えちゃいけないことを考えてるとなったら、これは宇宙進化の法則に逆転してる人間だということが言えるだろう。

逆転は、順応した回転ではないんだから、結局そこに大きな摩擦が起こる。その摩擦の現象が、不健康であり不運命であるということを忘れちゃ駄目だよ。

とにかく命を完全に生かす生かさないは、今言ったとおり、実在意識の態度のプラスかマイナスで決定されちまうということを、いつも、どんな場合があっても忘れちゃ駄目だ。

積極の言葉だけ口にする習慣をつけよう

そこで、今日の悟りは、就中《なかんずく》この実在意識を常に積極的であらしめようとするものの肝心な心がけは、日々の吾人《ごじん》（我々）の使っている言葉を、もっともっと入念に吟味しろということであります。

考えてごらん。

言葉というものは、人間だけが使えるものであります。

動物学者は、犬や猫や虫けらにも言葉があると言うけれども、言語はありません、彼らには。あるいは言葉はあるかもしれない、「ああしよう」「あそこへ行ってみよう」「これ食いたい」というような思想を心の中でもって考える、その思想の arrangement（整理されたもの）は言葉だから。

けれども、言語というものは、喉のところにある声帯から、ある音響をつくって、その音響のシラブル（syllable＝音節）とプロナンシエイション（pronunciation＝発音）、それからイントネーション（intonation＝抑揚）でもって、その人の意思を、同じような気持ちを他の者に伝えるというのが言語の持っている特権であります。

しかしその言語の元となるのは要するに言葉というもの。

言葉となるものの前は思想だが、これは非常に強烈な感化力を実在意識に持ってんだぜ。

実在意識に感化力を持ってるんだから、当然ものの声に応ずるように、潜在意識にもまたそのインフルエンス（影響）は行っているわけであります。

さあ、この事柄が悟れると、その人はもはや立派に人生哲学の第一原則を知り得た人だと言えるんだよ。

というのはなぜかと言うとね、人生生活は、言葉によって、あるいは哲学化され、あるいは科学化されるという効果があるから。

効果というより力と言おうか。

力と言うより現象と言おうか。

もちろんそれは、言葉が生活そのものだと言ってるんじゃないんだよ。

言葉に生活を左右する力があるということなんだよ。

これを正しく悟りなさい。

それを悟れると、現実に有意義なる人生の勝利者となり得る武器を、あなた方は自分の生命の中に、よろしいか、別に努力しないで用意したことになるんだ。

そうするとこの大きな武器は、あなた方の運命やあなた方の健康を守る戦いに、常に颯爽として輝かしい勝利の旗風《はたかぜ》を翻《ひるがえ》して生きていかれるわけだ。

人生というものは、たとえどんなに自分が用心していてもだよ、健康や運命を脅《おびや》かそうとする魔の手は、もう油断も隙もできないほど、我々の生命を脅かすべく用意しているんだ。

だからそれを守る防備というもの、これは始終油断なく行われていなきゃいけないのが当然だろう。命を大事に思うなら。

だから、その目的を達するのには、何よりも常に人生に生きる刹那刹那に使う、言語並びに言語を作成する言葉を慎重に注意して、どんな場合にもそれが積極的以外のものであらしめちゃいけないわけだ。

わかったかい。

そうして初めてポジティブ・マインドというものができるんだよ。

原因あっての結果だ。

だから健康的にも運命的にも、恵まれる人生に生きたいと思ったらば、この真理に則って、常に一言一語、その言葉のすべてが人生に直接的に響くんだということを考えながら、積極的なもののみを、努めて心で思い、口から吐き出すようにしなきゃ駄目だよ。

つまり習慣だからね。

習慣は第二の天性。

だから常に我々が、言葉としては善良な言葉。言語としては自他を勇気づける言葉。自他に喜びを与える言葉というような、要するに絶対積極的な言葉のみを使うようにしてごらん。

そうすると、それが自分だけの幸福じゃないんだぜ。

その影響力は、それはなんと考えてもみなかっただろ、集団生活の大眼目であるところの社会改善というようなことも、ねえ、金や制度でやってできない方面にまで、この言葉の感化というものは行くのであります。

ところが今までは、自分の心の中にしょっちゅう自分でもって、消極的の思想や観念の種を蒔《ま》いてるものだから、言葉もしょっちゅう、もうねえ、「しまった」とか「できない」とか「痛い」とか「悲しい」とか「腹が立つ」とか「恐ろしい」とかいうのをもう、いつも消極的な決定のみを表現する言葉や言語でもって、日常の人生の生活の大部分が営まれていやしなかったか。

現代人が喜びに対して薄く、悲しみや怖れや憎しみに対して非常に派手なのは、結局そういう心得違いが生んだ大きな間違いの結果であります。

それは人間だから、感覚がある以上、痛いとかかゆいとか辛いとか感じるよ。

そのときにそれを、言わずしてやめるなら、言わずしてやんだほうがいいじゃねえか。

言う必要のある場合ばかりじゃないよ。言わなくて済むことはいくらだってある。

その代わり喜びや楽しみは大げさに言いなさい。

ところが、なかなか嬉しいとか楽しいとかって言いやしない、あなた方。

それで理屈を言うんだ、そういうときにはね。

嬉しい、楽しいって言えったって、嬉しいことも、楽しいこともねえのに言えるかってんだ、と。

そのときに努めて、嬉しいや楽しいは針ほどのことを棒ほどに。

そして腹が立つとか悲しいとか恐ろしいとかってことは、棒ほどのことを針ほどにしちまうんだよ。

あっちゃらこっちゃらなんだ、結局ね。今までのあなた方の心の使い方が。

だから今までの心の使い方のあべこべやりさえすりゃ、ものをつくり上げる玄妙な力を持つ宇宙霊という先天の一気は、どんどん、どんどん、あなた方の人生に、すべて立派なものを与えてくれることが結果に来るんだよ。

言語には驚くべき創造と破壊の力がある

今もさっきも言ったとおり、人間の心には、ねえ、一切のすべてのものを、プラスにもマイナスにもするという、不思議なものを生み出す、玉手箱みたいな働きがあるんだから。

人間だけに与えられた、この言葉というものを、もっと本当に、有意義に使っていかなきゃ駄目だぜ。

すべてを別々に考えるからいけないんだよ。

一切がただ一つのものから生み出されたものだということを考えてごらんよ。

この宇宙の一切のすべてはみんな、一つの事柄が組織体系を異ならすことによって、違ったものに見えるだけだ。

物理科学の方面から考えりゃ、どんな人間だってすぐそれに気がつくだろうが、どんな変わったものが目の前に出ようとも、そいつを分析すれば、みんな物質の最初の要素となっている原子から電子、電子からさらにプランク定数hまで帰納されちまうんだ。

そして幼稚な我々の物理科学の知識でもわかるとおり、物質がいろいろな格好に形が変わって存在しているのは、結局この原子や素粒子の結合の状態の相違から来る結果だということは誰でも知っていることだ、これは。中学生以上だったらね。

そうすると、この事柄を推し進めて考えていくてえと、この世界のものは、どんなものでも決して別のものではなく、すべてのものが本質的にはみんな同じものだということが理解されるだろう。substantial（実質的な）では。

なぜかと言うと、いずれもみんな同様の物理的法則で生み出され、支配されて存在してるんだ。

あるものだけが違った法則で発生し、違った法則でその存在が保たれているというものはありゃしないもの。

そして今も言ったとおり、分析していくてえと、みんな同じ実質でつくられ、同じ力で動かされているということが、すぐ気がつくんであります。

これを学問的に言えば、一切はただ一つの体系で組織され、ただ一つの法則で存在して、しかもそのただ一つの体系でつくられ、ただ一つの法則で存在しているのも一番最初はと言うと、宇宙の造物主の持っている、ただ一連の思想が生み出したのであります。

ところが、人間だけがものを思ったり考えたりすることができるふうに思うからいけない。造物主の一連の思想というのは、考え方を変えて表現すれば、そうだ、宇宙の造物主の思っている一つの観念の表現だと言えるんだよ。

観念によって一つのポーズが描かれて、このポーズが幾何学的公式に当てはめて、設計されたものからできあがったのが、宇宙の一切なんだよ。

あなた方人間の世界だけにある高等数学を、人間が考えたと思ったら大違いで、1に1を寄せてプラスになるという一番先のプライマリー（基本的、初等）な数学の常識というものも、宇宙にその真理があるからだぜ。

宇宙にもしも、1に1を足して3になるという真理があったら、1に1を足してイコール2にはならないんだぜ。

初歩の数学のデフィニション（定義）から考えて、さらに高等数学の微分積分までにじっと頭を持っていくてえと、そのすべてがみんな真理だからということがすぐわかるだろう。

真理でないものにデフィニションがある気遣いないもの。

さあ、そうすると一切のこの世の中にあるものは、不可分なるものが結合したものだということが言えるね。不可分の結合。

その不可分とはなんだと言ったら、それは一つの気だもの。

プランク定数hじゃないよ。プランク定数hをつくった元の気がただ一つ。プランク定数hは、私の哲学から言えば、二次元であります。

そうしてこの一番最初の、ありとあらゆるものをつくった原動力的要素となっている気が、なんとなんと、考えなきゃいけないんだ、ここが。

我ら人間の心の中に入って、やはり観念となっている。

何かものを考えるというのは、観念が発動したからだよ。

その観念は、要するに気が入ったから、観念が動くんだぜ。気が入らないで観念が動く気遣いないじゃないか。

それで観念がやがて、思い方や考え方となって、さらにそれが言葉となって、そしてまたさらにそれが言語となってお互いが理解し合う。秩序整然としているということを考えなきゃ駄目だよ。

だから帰納的にこの原理を結論すると、創造の動力、「The force of creation」だね。創造の動力。もっとわかり易い言葉で言えば、一切のものをつくり出す力となっているものは、ただ一つの気で、しかもその力ある気が、人間の心の中に入って、それが日々お互いの使うあの言語になって、表現し合って、人間たちお互いが「ああ、この人はこんな気持ちを持ってるな、こんな気持ちを持ってるな」とわかり合うこったろう。

さらに、天風会員が修練会でもやる、無言の言葉でわかり合うテレパシーさえ通じ合うという、微妙なデリケートなこの消息を考えてごらん。

さあ考えてみるてえと、それだから冗談口一つ言っても、それが宇宙の造物主の、幽玄微妙な霊智に、密接な、打てば響くような関係があるということが考え出されるだろう。

そうだ、そのとおりなんだ。

だから、哲学的にこれをはっきり言っちまうと、人の言語には、自分の運命と健康とのすべてを、良くもし悪くもするところの創造と破壊の力があるわけだ。

これはね、何も難しい理論から考えなくても、人間の使う言語がいかに人々の運命や健康を支配しているかという事実は、みんな今までの過去であなた方が経験している。

同じ痛さを感じるのでも「痛い」と言ったときには「痛い」と言わないときよりも痛いのであります。

「腹が立つ」と言ったときには、腹が立ってることを言わないときよりも、言ったときのほうが腹が立つんだ。

これは、人間の心理現象というものはね、そこに一つのダブルページがあって、腹が立ってこんちくしょうと言うと余計腹が立つ。悲しくてわあわあ泣けば余計悲しくなる。

その代わり反対に楽しいとき「嬉しいな」と言うと余計嬉しくなるんだ。

これが言葉の持つ感化の力であり、創作の力であり、またさらにマイナスからいくと破壊の力になっちゃう。

それは恐ろしなんというばかりもなし、冗談口一つでも、我々の住む世界、広い意味における我々の人生の全体、もっとわかり易く言や、運命に対して、境遇に対して、我々の肉体の健康の上に作用して、それを良くも悪くもするんだぜ、その言葉が。

だから我々の背後にいる造物主の耳は、感覚鋭いものを持っているということを、忘れちゃ駄目だよ。

だからいやしくもあなた方が、自分の健康や運命を呪うような言葉や、価値のない、気の弱さを表現するような言葉、これは絶対に使わないようにしなきゃ駄目だ。

ところがどうだ、世の中の多くの人間はね、自己の健康を呪い、自己の運命を呪い、自己の家庭を呪い、さらに職業まで呪ってるやつがあるんだ。

そうなった日にはもう沙汰《さた》の限りだよ。しかもそういう人間がマスコミという時代には多いんだよ。多いからって何もそんなものと付き合わなくていいんだよ、あなた方は。

何も自分の人生を悪くする力を宇宙霊に呼びかける必要があるかってんだ。

そんな低級な無自覚から、高級な悟りをひらく人間になっている人間、なろうとしているあなた方。また改めて自分の健康や運命を破壊して、そして価値のない人生をつくるような無駄な努力はしないこと。

もっと優れた、尊い毎日に生きなきゃ。

そうするのには、始終一言隻句《いちげんせきく》といえども、吐き出す言葉のすべては自他の運命を建設する言葉、愉快を感ずる言葉、ねえ、すべての人を勇気づける言葉というようなものを、自分の言葉にしなさい。

だから、否定の言葉や悲観の言葉、その他かりそめにも人生をマイナスにするような言葉は、自分の言葉の中にはないように考えるのが一番いいんだよ。

ないと思ったら使わないもの。

ところが、あなた方は、自分を鼓舞し、奨励し、自分の生命を価値高くするような言葉は知ってても使わない。

それで自分の健康や運命を良くなくしてからに、人生を暗くするような言葉は、忘れているのも一生懸命に思い出して使おうとする。

むしろこれは滑稽以上の、憐れな惨めな人生を自分でつくっている愚衆《ぐしゅう》としか言えないのであります。

さあ、この悟りがひらけたら今後、たとえどんなことがあろうとも、消極的な言葉は使わないようにしよう。

「言葉の誦句」

誦句を与える。

「言葉の誦句」

私は今後かりそめにも　吾《わ》が舌に悪を語らせまい。
否　一々《いちいち》吾が言葉に注意しよう。
同時に今後私は　最早《もはや》自分の境遇や仕事を、　消極的の言語や　悲観的の言語で、　批判する様な言葉は使うまい。
終始　楽観と歓喜と、　輝やく希望と溌剌《はつらつ》たる勇気と、　平和に満ちた言葉でのみ活きよう。
そして　宇宙霊の有する無限の力をわが生命に受け入れて、　その無限の力で自分の人生を建設しよう。

ひと言ひと言を、　全体生命に、　これはもう、　強烈に植え付けるつもりでもって、　ついてこなきゃ駄目だよ。

言葉の誦句
一同　言葉の誦句
私は今後
一同　私は今後

かりそめにも　吾が舌に悪を語らせまい。
一同　かりそめにも　吾が舌に悪を語らせまい。

この悪というのは、ただ単に人の言う善悪ばかりじゃないんだよ。消極的なことを言うのが悪なんだ。自分の生命や健康を泥塗るようなことはみんな悪だぞ。

否　一々吾が言葉に注意しよう。
一同　否　一々吾が言葉に注意しよう。
同時に今後私は　最早
一同　同時に今後私は　最早
自分の境遇や仕事を、
一同　自分の境遇や仕事を、
消極的の言語や
一同　消極的の言語や
悲観的の言語で、
一同　悲観的の言語で、
批判する様な言葉は使うまい。

一同　批判する様な言葉は使うまい。
終始　楽観と歓喜と、
一同　終始　楽観と歓喜と、
輝やく希望と溌剌たる勇気と、
一同　輝やく希望と溌剌たる勇気と、
平和に満ちた言葉でのみ活きよう。
一同　平和に満ちた言葉でのみ活きよう。
そして　宇宙霊の有する無限の力を
一同　そして　宇宙霊の有する無限の力を
わが生命に受け入れて、
一同　わが生命に受け入れて、
その無限の力で自分の人生を建設しよう。
一同　その無限の力で自分の人生を建設しよう。

いいかげんなことを言っちゃ駄目だよ。終わりの言葉をもう一遍。

その無限の力で

一同　その無限の力で
自分の人生を建設しよう。
一同　自分の人生を建設しよう。

昭和四十二年
（一九六七年）　京都

第六章

大偈《たいげ》の辞

誠と愛と調和した気持ち

心は大宇宙よりも偉大なものだ

今日は、お互いの心というものが、およそ何ものにも比ぶべくもない広大無辺なものだということを、はっきり悟ることにしよう。

こういう悟りがただわかっているというだけじゃいけないんだよ。それが本当の自分の信念となっていないと。

いずれ、この修練会中に信念の重大さを説くけれども、とにかくそうした偉大なものが、造物主によって人間にのみ与えられてあるということを考えてみなきゃ駄目だよ。

only to our human だもの。「人間にのみ」なんだもの。

それはどういうわけかというと、それで苦労しろとか、腹を立てろとか、迷えとか、悶えろとか、悩めとか、悲しめとか、怒れとか、怖れろとかというために与えられたんじゃないんだぜ。

その偉大なものが造物主によって人間にのみ与えられたのは何故かというと、これが大切なんだ。それを悟らなきゃ駄目なんだ。

私が四十までは当然生きられないというような弱い身体になっちゃって、そのうえ、幾多の生死の中をくぐり抜けてきて、しかも、それは戦争中ばかりじゃない、戦争が終わってから後も、こうしてこんにち無事で長生きのできているのも、こういう大切なことを一瞬ハッと思って悟り得たからなんだ。

悟った以上は、それが自分の心から抜ける気遣いないんだから。

ただわかったというだけだというと、そのレスポンド（感応）はいつか自分の心から抜けちまう。

本当に悟れると、そのことを忘れろたって忘れられるもんじゃない。

要するにこういう心の消息が悟れると、あえて自分の心を積極的に持とうと思わなくても、どんな場合があっても積極的に、それをしっかり堅持していけるような人間になれる。

ところが、こういう悟りがひらけないと、いざというときに、「さあ、ここで強くならなきゃいけないいな」、「ここでしっかりしなきゃいけないいな」というような気持ちが、先に出てくるてえと、その気持ちに却って自分の心がかき回されてしまうわけだ。

さあ、そこで正しく悟ろうぞ。

心の偉大なのが一体どういう消息でもって我々は正しく悟らなきゃいけないかというと、率直に言っちまうと、人間が考えきれないと思っているような、この広大無辺と言われる大宇宙よりも、どうだい、心のほうが偉大なんだ。

誰でもがこの宇宙の偉大なことは、普通の人間の感覚ではなんとも完全にこれを認識することができ得ないんだから、これは大きなものだと思っているわね。

例えばあの空に閃《ひらめ》く星の数すらも、人間の肉眼に映ずる数では、わずか数千の数しか、少ないように見えているけれども、しかし天体望遠鏡を用いると、そのレンズを通して眺め得るものが実に百万以上に達しているという。

さらにもっともっと精巧な写真機でこれを撮るてえと、百万の百万倍だというんだから。百万の百万倍なんていうのは天文学的数字と俗に言うとおりに、とてつもない大きな数でもって、そういう写真で見るとね、この空は星ばかりだと言ってもいいような状態だそうだ。

そして、これらの星はその一つひとつが、皆一個の立派な太陽系統を成している。

我々の持っている太陽系統と同じような系統を組織の中に持っている。

そして、太陽よりもはるかに大きい惑星、遊星が、こらまたたくさんあるんだそうだな。

そうするてえと、この宇宙というものは、想像もつかないほど大きなものだということが考えられるが。

いいかい、そして、おまけにこういうふうに空間に所狭きまで密集している無数の数え切れない星という星が、なんとまあ、決して人間の世界のように衝突しないんだよ。

人間の世界じゃね、ただ単に交通難ばかりじゃなかろうが。人間と人間同士が始終、衝突しているじゃないか。

今でも永久に止みそうもないようなベトナム戦争なんかが相変わらず、ボンボンボンボンやっているだろうが。

また、何も戦争のないような世界でも、人間の個人個人でもって、これは心と心とが角目突《つのめ》き合っているという状態を考えてごらん。

それがだ、大宇宙の中にはその接触がないんだもの。

あったら大変だよ、これ。

一日一分といえども、こうやって立派に、安心して生きてられやしない。

それは形容もできない、微妙な調和が厳粛に保たれているからだ。もっと詳しく言うと、目に見えない一定のレールの他には決して星ははみ出さないんだよ。

何でもねえ、この宇宙の幅というと、行って見たこともないのに、学者というものは憶測から考えているんだろうけど、十八万六千三百二十五マイルの速力で一秒間に行くとね、これは光線の速度なんだよ。小学校の子どもが知っているだろう。

一秒間に光の速度は十八万六千三百二十五マイル。これは、私、確か尋常三年のとき教わったことで覚えていたんだが。

それで、一秒間に十八万六千三百二十五マイルの速力で飛んでいって、一体どのくらいかかるかいなあというてえと、あの有名な相対性原理説でもって世界的に知られているアインシュタイン博士はこう言っているんです。

その速力で行って五十億光年かかるだろうと。

これはもう考えきれないよ。暇なとき、これを算用しようと思ったら、一生かかっても駄目だよ。

そして、この星というものに、みんな一定の進化というものがあるのを考えたときに、より一層この宇宙の荘厳さ以上の尊さを、否、尊さというよりも驚嘆に値する敬虔《けいけん》さを感じないかい？のみならず、特に慎重に気づかなきゃならないことは、人間の心だ、人間の心。これは今も言ったとおり、この荘厳にして、広大なる大宇宙よりも、なおかつ広大だよ。

「ありゃりゃっ？」と思うだろう。

それは一体何を意味するかと言うと、考えてごらん、簡単に。

我、月を見て佇《たたず》めば、我が心は見つめている月よりも、さらに大なるものを考え得るだろう、心の中へ。星見て佇めば、その星よりも、なおかつ偉大なものを我々は想像し得る。

それだけのことを考えてみても、いかに人間の心がいっさいを凌《しの》いで、広大無辺なものであるかということがわかるだろう。

人間に心を与えた造物主の意図

考えてごらん。

造物主のつくった世界のものというものの中で、なんと人間の心のみがこうした尊い働きを持っているということを考えてみろ。

いかに外観上では人間よりも大きいと思われている星や月や太陽でも、それにはこうした働きは夢にもない。

特に我々が知らねばならない事柄は、なぜこういう何ものにも比ぶべくもない偉大な働きを持つ心というものが、人間だけに与えられているかということだよ。

私はこれを考えるのに一月《ひとつき》かかった、インドの山の中で。

こういうようなワンダフル以上のドレッドフル（dreadful＝ものすごい）のパワーを心に与えられたのは何故《なにゆえ》だって。

あなた方ならすぐわかるだろうけど、この私はわからなかった。

一月かかって、ようやく自分が「ハハァ、こうだな」と考えついたのは、それは人間に造物主の無限の力を正しく理解せしめて、そしてその無限の力を、その心を通じて生命の中に受け入れるために、そして万物の霊長たるの資格を完全に堅持し、かつ発揮せしめるために、はかり知れない造物主の意図が、アイデアがこうしたものをつくったんだと、こういうことなんだ。

これは満点だった、先生から褒められたよ。

very nice awareness（素晴らしい気づき）と言われたよ。

言い換えると、人間の自我の中には、いいかい、in myself だよ、自我の中には造物主の無限の属性というものが宿っているんだ。

特にこれから世の中に出ようとする青年はこれを忘れちゃ駄目だぜ。

自我の中に造物主の無限の属性というのが宿っている。

これを正しく自分の clear awareness（明確な自覚）にしなきゃ駄目だ。

そうしてそれを、この世の中の進化と向上のために応用せしめて、そして人間の世界を本当に理想的なものにしようというのが造物主の目的なんだ。

それを人間に生まれながら、人間に生まれた理由も、条件も、動機も、ミッションも考えないで、ただもう食うことや、着ることや、遊ぶことや、恋することや、儲けることばかり考えて、究極の人間の、本当のinborn mission（生来の使命）というものを忘れちゃって生きている人間が何で幸福に生きられよう、どんな学問しようが、どんなに努力しようがね。

造物主の無限の属性が、いいかい、はたして自我の中に存在しているか否かということは、きわめて簡単なことでもって、はっきり悟れるはずだよ。

私はスエズの運河を通っているときに、ハッと気がついたよ。

考えてごらん。

運河の水は運河だけで考えると、それは有限にして、きわめて少量だ。さはさりながら、その流れを通じて、例えばスエズの運河で考えてごらん。一方は地中海に通じ、一方は紅海を経て、インド洋に通じている。

いつも無限の水量を湛《たた》えている、あの大きな大海原とつながっているということを考えたんです、僕は。

これと同様だよ。我々人間は個人それだけの存在のみを考えているてえと、いわんやまして、自分というものの憐れな惨めな姿を見ているてえと、小さな、小さな存在かもしれないけれど、しかし、今も言ったばかり、己の心と、さらにその心から霊魂を通じて、我らの生命が宇宙霊という造物主につながっているということを気づいたならば、まさに造物主の、いわゆるユニバーサルクリエーターの無限の属性が自我の中に歴然として宿っているということが自覚されようがな。

真・善・美

そうして、かくのごとく我々の生命が宇宙霊と結びついている以上はだ、これは結びついているんだから、知っていても知らなくても結びついているから生きているんだからね。結び目が離れちまえば、あの世へ行っちまわなきゃならない。結びついているから生きているんだよ。

だから、生きてる以上はこの結び目を完全に保つことに努力しなきゃならないことが、命を与えられた者の義務じゃないか。

つまり、あなた方の、それはしなきゃならない、忘れちゃならない、自分の生命に対する大きな義務なんだ。

さあ、そこでだ、その宇宙霊と自分の生命との結び目を完全に保つのには、常に心を宇宙霊と同じような状態にしていかなきゃいけないんだよ。それがシークレットなんだよ。秘訣の第一なんだ。

だって、物理のデフィニション（定義）は我々にこういうことを教えたことを、中学校で聞いているだろう。

「同じきものは相如《あいしく》」と。

同じものはどこまで行っても同じだということの意味だね、これは。

同じものが、あるところに行くてえと違っちまうなんていったら、これは同じものじゃない。

するてえと、すぐ知らなきゃならないことは、宇宙霊の心というのはどんな心だろう。

「俺はまだ宇宙霊と付き合ったことねえから、宇宙霊の心は知らない」と言うかもしれないが、付き合わなくたって、宇宙霊の心と同じ心になるてえと、なんとも言えない、清々しい、朗らかな気持ちを感じてくるんだ。今までなったことないから、わからない？

そうかもしれない。

宇宙霊の心と一緒になるにはわけないよ。宇宙霊の心がどんな心だってわかりさえすりゃ。そういう心になってみろ。なんとも言えない清々しい気持ちになるから。

宇宙霊の心とは哲学的に言うと「真《しん》・善《ぜん》・美《び》」だ。

これを通俗的な言葉で言い表すと、真とは誠なり。善とは愛なり。これがひとつ知らないんだよ。

一遍神戸で兵庫県の大学だけの校長さんを集めて講演を頼まれた。

そのとき私は演壇に出るとすぐ、本題に入る前に「今日はとにかく」、とにかくと言ってやったよ、「とにかく学者と思われる大学の校長さんのお集まりに呼ばれたんだから」、後から聞いたら、「とにかく」という言葉が嫌みだったと言うけども、だけども私は大変な学者ばかり集まったとは思わないから、とにかく大学の校長さんだから、学者なんだろうと思ったから。

その学者のお集まりだから、「まず第一番に今日の講演の本題に入る前に、一応ちょっと質問しておきたいことがある。そのお答えによって、私の話がつくられるんだから。それは何かと言うてえと、真善美がこの宇宙の一番創造を司っているクリエーターの心だということは、あなた方はむろん知っとるわね、宗教家でなくても。しかし、その中の、真ん中の善とは何を意味するものか、ご存じの方は簡単な言葉で説明してください」と言ったら、誰も立たなかった。

口じゃ、善、善とは悪に対照する言葉だね。

善とは悪いことしないことだ、良いことすること。それから、悪いことしないことは良いことすることだと言ったら、どんなことが悪いことで、どんなことが良いことかってことは人によって違うもんね。

誰に聞かせても、どこの国に行っても、いかなる時代でも、古往今来《こおうこんらい》、随時随所《ずいじずいしょ》、いかなる場合があろうとも、これが本当の善だというのが、いわゆる平等愛のことを言うんだ。

哲学的な言葉を使えば不偏愛。

あれが可愛らしくて、これが憎いというのはほんとの愛じゃないぜ。

太陽があらゆるものを照らすときには、慈悲の光。

べっぴんの顔だろうがヘチャな顔だろうが、きれいなダイヤモンドだろうが糞であろうが同じことだよ、みんな照らしちまう。

太陽の光線はダイヤモンドだけは照らして、犬の糞はごめんこうむるとは言わないよ。それを平等愛と言うんだ。

その気持ちが己の気持ちになきゃいけない。

ところが、あなた方の心の中には得てして、あれが好きで、これが嫌いだというやつがありゃしないか。

それじゃ駄目なんだよ。

インドのヨーガの哲学の中にこういう教えがあるのを英訳してみて驚いたよ。

“Be not the first to quarrel nor the last to make it up”と言うんだ。

これは私がこさえた言葉だけど、「人は争う前に仲直りすることを先にしろ」と。

“Be not the first to quarrel nor the last to make it up”

ところが、あなた方は仲直りなんか容易にしやしない。

まず第一番に争う。気の立っているシャモと同じこと。よく毛をむしられて食われなかったなあ。

とにかく真善美の善とは不偏的な愛よ、あらゆるものに平等なる気持ちを持って接する愛情。

それから、美とは何ぞ?

これもまたわかっていない人が多い。

美とはきれいなもの。

じゃあ、きれいとは、汚いとはどんなもんだ?

そうすると、自分の感じていることだけでもって、きれいと汚いを分ける。

駄目だよ。美というのは調和の整っているものが美なんだよ。

ハーモニ・フル（harmony full）のものが美なんですね。

だから、ハーモニ・レス（harmony less）のものは美じゃないんだよ。

だから、我々は造物主の心と現実に結びついた日々を生きていくと思うならば、平素どんなことがあっても、心を誠と愛の情で満たして、調和というものを旨として生活しなきゃいけない。

これをまぁねえ、いつの時代が来れば、そういう人たちが増えるだろう?

「天にまします我らの父よ」なんて言っている、あのキリスト教の本場のアメリカが、ベトナムで、いつまでもいつまでも泥の川の中へ足を突っ込んで抜き差しができなくなっちゃっているもんだから戦争している。

それが人間同士の世界に存在している事実だということを考えるときに、なんとも言えない情けなさを感じないではいられないでしょうが、こうやって日々、階級の高い宇宙真理を聞かされている者としてはね。

しかし、とにかくそうした気持ちを持ってこそ、造物主の持つ無限の力が、無条件で我々の生命の中に流れ入ってくるんだよ。

でない以上はどんなに学問しようが、もう口を酸っぱくして言っているからわかっているだろうけど、どんなに金こしらえようが、どんな身分になろうが駄目よ。

宇宙霊の心と同じ心になって生きてこそ、初めて本当に正しい生活なんだ。

どのような人が本当に〝偉い人〟か

なぜかと言うと、そういう生き方をしている者の生命の流れは、枯れることがないもの、容易に。

生命が枯れることがないと同時に、宇宙霊の持つ人間が生きるに必要な叡智《えいち》はことごとくそれを自分の心に与えてくだされている。

だから、当然、嘱目《しょくもく》する優秀さが自分というものの生命に表れてくる。

そういう人を「偉い人」って言うんだ、本当にね。

古往今来、昔から今まで多くの人々の中に、きわめて数は僅《わず》かだけれども、普通の人の考えられないような人生真理を考え出してくれた人、普通の人が思いも及ばないようなものを発明したりして、人の世の幸福を現実にする人がいるだろうが。

現に目の前にいる天風だって、その仲間の一人じゃないか。

それが、しかもあなた方だって、そうなれるんだということを考えなきゃ駄目だよ。

特別な存在として考えちゃ駄目だよ。

「天風さん、あれは生まれつきの哲人だから、あれは俺たちの真似のできない人間だ」、これがいけないいんだよ。

真似のできないことなんか教えやしないもん。

私は私のできることで、あなた方のできないことを教えないでしょう。

私もでき、あなた方もできること以外のことは教えない。

あなた方ができなくて、私のできることはいくらでもあるんだよ。けど、それは教えないよ、私は。教えたってしょうがないもの、できないんだもの。だから、あなた方ができることだけしか、私は教えないんだもん。

ところが、あなた方のできることしか教えないのにもかかわらず、教わったことができないやつがあるんだから、困っちゃうよ。

できるのが当たり前なんだもの。

それを頭から心に否定観念が働いているからよ、「俺は駄目だ」と。

駄目なことは決してないんだよ。

「諸行無常」も宇宙の働き

さっきも言ったじゃないか。同じ種類の二個の無限は絶対に存在しないという意味のことを、同じきものは相如と、物理のデフィニションは言っているんだよ。幾何学のほうで言っているかな、これ。ジオメトリのほうで。

同じ種類の二個の無限は絶対に存在しない。

私がこういうことを悟ったのは、ヨーガの世界観から悟ったんだ。

ヨーガの世界観というのをご参考に話そう。特に学生諸君はよく聞いていろ。

ヨーガの世界観はこういう世界観なんだ。

この世の中の万物万象の一切はすべて皆、「空《くう》」という唯一のものからつくられていると。

これは面白いじゃないか。

それで「空」とは無ではないぞと言っているんです。

ここをよく聞くんだよ。

皆、「空」という特殊な名を名付けられたサムシングからつくられている。

ただし、「空」なるものは無じゃないぞと。

だから、これを科学的に考えると、もちろんヨーガの哲学は科学的には説明していないけども、我々の科学的常識で考えると、この「空」なるものはプランク定数hが充ち満ちている世界と、こう言えるわね。

意識感覚には感覚されないが、そういう不思議な微粒子がある、そこを「空」と言うんだと。

だから、この世にあるありとあらゆるものはすべてが独自の存在じゃないぞ、と言うんです。

いいかい、individual world で存在しているんじゃないんだと。

相互に扶助し、相互に助け合い、相互に持ちつ持たれつして、共生《ともいき》しているのがこの世の中だと言うんだ。

だから、したがって調和が完全なときには、その万物万象は安定するけれども、調和が破壊されれば、さらにその調和を復元するために、いろんな推移変遷が行われて、その調和を取り戻そうと、宇宙は働いていると。

だから、ある一方に気圧が薄くなるてえと、風や暴風や、あるいはいつも毎年秋になるとやられる、あの台風というようなものになって、この世の中の空気の状態を平均化しようとするだろう。

これを、いわゆる諸行無常と名付けるんだよ。

すべてのこの世の中にある事柄は一定のところにないと、常により良く変化せしめるために造物主が努力している。

これをじっと私、考えているうちに、今さっき言ったような、「ははーん、これが絶対の真理である以上、人間は常にこの宇宙霊の心に同化し、宇宙霊の心とセイム（same＝同じ）な状態で生きる、いわゆるシミュラー（similar＝同様な）な状態で生きるのが当然だ」と、こう考えたんだ。

そういうふうに考えてから、今度はそういう気持ちを持つようになってから、まったく私という人間が変わっちゃったよ。

それまで私はね、お恥ずかしいけれども、人間でいながら、人間のような気持ちを持っていなかった男なんだ。

あの命知らずの人間ばかりが集まっている玄洋社の中でも、とりわけて私は「豹《ひょう》」というあだ名がついたの。「豹」。豹というやつは猛獣の中で一番、たちの悪い、仲間でも何でも、嬶《かかあ》でも、子どもでも食っちまう、殺してしまうというやつだね。

それと私が同じだと言われていたんや。

「天風」なんて呼んでくれた者はありゃしない。「豹、豹」って呼ばれていたものだよ。

それで私に対して腫れ物に触るような気持ちを持っていた。

そのくらい乱暴な、もう始末にいけない男だった。

それがこんな自分でも、ほんとになんて優しい気持ちを持っているんだろうと思うほど、ノミ一匹の命も今は殺さないような人間になっちゃってからというもの、なんと私が幸福、幸福、幸福、幸福。

だから、満四十の歳から以来の人生はまったく、それは幸福の世界だけに生きてるありがたさで生きられているのも、結局、心が変わったからだ。

だから、あなた方もそうなりなさい。

どうでもいい人生なら、ならなくていいよ。

せっかくこういうくだらない人生に生きたんだから、この世はこれで生きちまおうと思ったら、勝手にしろ。

けれども、よーくここのところを考えよう。

世界に三十億からの人間のいる中で、こんにちこのとき、厳格に言うてえと、present time に、こういう話を聞いているのはあなた方だけじゃないか。

そうすると、あなた方は何のためにこういう話を聞くべき運命を持っていられるか。

修練会に来たから聞かされているんだと、こう思ったら大間違いだぞ。それだったら大べらぼうなやつだよ。修練会来たって、こういう話聞かさなかったら、どうするんだ？　毎年毎年の修練会に必ずこういう話を聞かせていると思ったら大違いだぜ。毎年毎年来ている人は「あっ、去年この話聞かなかった」「あっ、一昨年この話聞いたことある」というふうに思い出すことがあるだろうが。

一人でも正しい真理に目覚めて、この世のためになる人間を増やしたいがためよ。

最初に何て言った？　修練会の目的は万物に霊長たる人間の生命の真の尊さを、それから優れた強さを急ピッチで正しく自覚せしめて、生き甲斐のある人生建設を現実化したいために、この催しは開かれてあると言っているじゃないか。

「大偈《たいげ》の辞」

そこで今日の誦句を与えよう。

大偈の辞。

大偈というのは英語で言うと〝great truth〟なこと。

これは坊さんのほうで偈というのを大きな悟りというので、大偈の辞。


「大偈の辞」

ああそうだ!!

吾《わ》が生命は宇宙霊の生命と通じて居る。

神仏の生命は無限である。

そして　不健康なるものや不運命なるものは、宇宙霊の生命の中には絶対にない。

而《しこう》して　その尊い生命の流れを受けて居る吾はまた、完全でそして人生の一切に対して絶対に強くあるべきだ。

だから　誠と愛と調和した気持と、安心と勇気とで、ますます宇宙霊との結び目を堅固にしよう。


さあ、ついておいで。

大偈の辞
一同　大偈の辞
ああそうだ!!
一同　ああそうだ!!
吾が生命は宇宙霊の生命と通じて居る。
一同　吾が生命は宇宙霊の生命と通じて居る。
神仏の生命は無限である。
一同　神仏の生命は無限である。
そして　不健康なるものや
一同　そして　不健康なるものや
不運命なるものは、
一同　不運命なるものは、
宇宙霊の生命の中には
一同　宇宙霊の生命の中には
絶対にない。
一同　絶対にない。
而して　その尊い生命の

一同　而して　その尊い生命の
流れを受けて居る吾はまた、
一同　流れを受けて居る吾はまた、
完全でそして人生の一切に対して
一同　完全でそして人生の一切に対して
絶対に強くあるべきだ。
一同　絶対に強くあるべきだ。
だから　誠と愛と調和した気持と、
一同　だから　誠と愛と調和した気持と、
安心と勇気とで、
一同　安心と勇気とで、
ますます
一同　ますます
宇宙霊との結び目を堅固にしよう。
一同　宇宙霊との結び目を堅固にしよう。

昭和三十七年（一九六二年）　京都

第七章　運命の誦句

〝感謝と歓喜の感情〟が運命をひらく

運命には「天命」と「宿命」の二色がある

真理の瞑想に入ろう。

今日の悟りの題目は運命ということ。

運命。フォーチュン。

人生、人として生きゆく際、こうした事柄を正しく知っているのといないのとでは、どのくらい生涯の自分の人生というものを、有意義にするか、はたまた無意義にするかわからないという重大な関係が存在している。

ところが多くの人を見てみるとです、遺憾千万にも、こういう人生に対する大切な事柄を、案外にも正しくわかってない。

むしろ大部分は、漫然とした人生に生きている人が多い。

漫然たる人生というのは、何の自覚も理解もなく、ただ自分の感情や感覚だけをもととした屁理屈で、いっこうに自分の人生というものを価値高く生かそうとしないで、ただその場その場の出来心で人生に生きてる生き方を、漫然たる人生の生き方と、こう言うんだよ。

その証拠には、そういう人に限って、この運命というものに二色《ふたいろ》あるってことを知ってません。二色。

つまり逃れ能《あた》わざる運命と、逃れ得る運命と二色あるんだよ。

どんなことをしても逃げることのできない運命と、それから人間の力で打開すれば、その運命から逃げられる運命と、二色あるんだよ。

ところがそれを正しく知ってない人は、なんでも自分の力の足らないために、その運命から逃げられなかったというような場合でもだな、力が足らないから逃げられなかったんでなくしてからに、それが逃げ能わざるところの運命だと、こういうふうに考えちまう人が多い。

これ、とんでもない思い違いなんであります。

そういう人に限って、運命をごちゃごちゃに考えちまってるから。

逃れ能わざる運命は、これは「天命」というものなんだ。

それから逃れ得る運命は、これを「宿命」というんだ。

ところが、ただ運命という一つの言葉で片付けちまうもんだから、何もかも逃れ能わざるもののように考えていて、自分が努力すれば逃れ能うような場合でも、努力が足らないために逃れ能わざりし結果が来ると、それを天命のように考えちまう。

フランスにC'est la vie（セ・ラヴィ）という言葉があります。

英語で言うと、Oh My Dear God、あれと同じだ。

どうにもしょうがねえなって。

それを凡人というものは、あらゆるケースに遠慮なく使ってるんだが、これはとんでもない違いなんだ。

逃れ能わざる天命というものは、そうそうありゃしない。

たいていの運命というものは、自分が努力すれば打開のできる場合が多いんであります。ところが、この貴重な消息がわからないと、人生というものをただもう万事万端《ばんじばんたん》、落ち着かないビクビク者で生きるのを余儀なくされちまう。

この節、東京あたりでは若い世代に、非常に易《えき》に凝ってる人があるというのを聞いて、あまりにも笑止千万、片腹痛いと思う。

易なんかに凝るやつなんていうのは、結局要するに、自分の力を自分自身が信頼することができないで、ただ偶然ということの妙を頼りにして人生に生きてるやつに多いんであります。

で、そういうような無自覚な、無準備な、無定見《むていけん》な生き方で人生に生きれば、自分じゃ少しも気がつかないかもしれないけども、いつも良くない運命や良くない健康というものを、自分の人生に選び出してしまうんであります。

それも自分の、要するにこういった消息を知らない無知から起こってるのにかかわらず、その自分の無知は棚に上げてからに、自分の努力の足らないことは考えないで、何もかも逃れ能わざるもののように思っちまう。

ひどい人になるてえと、これも不可抗力だよって。

不可抗力ということは、英語の俗語では an act of God って言いますね。これは神業《かみわざ》だって。an act of God。ラテン語で vis major って言うだろ。

そんなことが、そうめったやたらにあるべきもんじゃないよ。

今日まさに本土を通過してる台風のごときは、これはまさにan act of God。けど人間の人生に生ずる事柄に、ことごとくそういうものばかりじゃないことを考えなきゃならない。

それをだ、自分が不用意な人生に生き、無自覚な毎日を過ごすために、あるいはお医者のお得意になるようなことになっちゃったり、薬屋のお客になることになってしまったり、あるいは易者のお客になっちまうようなことをして、人生の苦しい方面のみを、引き受けなくてもいいのに引き受けてしまうという、馬鹿げきった人生をつくっちゃってるのであります。

人間の世界というものは、歓喜と光明の充満してる世界。

喜びと光の、本当に隈《くま》なく照りわたってる世界が人生なんだ。

それを少しも喜びを感じない、じめーっとした暗い人生で生きる人の多いのは、結局、自分の無自覚から、人生に生きる場合の心の態度が、いつも消極的で価値のないくだらない状態で生かしてるからだ。

私の言ってることが嘘が本当かということは、事実について考えてごらんなさい。すぐ、ああ、そうだとわかるから。

世の中の多くの人々は、天風会員以外の人々はと特に言い添えておこう。毎日の貴重な人生を、本当に貴重な人生です。再び取り返すことのできない人生だもんね。再び取り返すことのできないこの人生を、もうなんと不安と陰鬱の中に送って、そして何事に対しても不平と不満で応接している。

そうしてそういう人に限って、自主自律《じしゅじりつ》という人間として一番、自分の生命に対して堅持しなきゃならない階級の高い心なんてのはちっとも持たないで、もう、何かにすがろう、何かに救われようという依頼心ばかりが盛んだ。

ということの嘘のない証拠は、大東亜戦争、終わってから後の世相を見てごらん。

それも両足片足、棺おけの中に突っ込んで、将来もう既に望み薄になってる老いさらばえた人間たちならともかくも、若人の血は炎と燃えているはずの青年の男女子が新興宗教なんかにかぶれてるじゃないか。

結局、何かにすがって生きてかなきゃ生きられない、何かに救ってもらわなきゃ、張り合いのある生き方ができないというような、きわめて第二義的な卑屈な憐れな気持ちで人生に生きてるがためです。

だからそういう人間に限って、いつも価値のない迷信や、あるいは古くさい運命論に、少しも正しい理解も持たないで心酔して、ただもう人生をウロチョロウロチョロ、風の日の紙くずみたいにあっちへコロコロ、こっちへコロコロ、右往左往の状態で生きてるだろ。

これじゃ万物の霊長たる人間に生まれた甲斐が少しもないと言っていい。

すべからく人生は、自己自身の力で光明あらしめなきゃ。

他人の力で光明あらしめようとする計画くらい、およそ愚かな計画はないぞ。

自己自身の力で自己自身の人生を光明あらしめようとするのには、何をおいてもこの心の態度を積極化することによって、宿命を統制して天命に安住しなきゃ。

心の態度が積極的にならないと、宿命は統制できない。

なぜかというと、心の態度が少しでも積極性を欠いちまうと、すぐその心に運命を毀《こぼ》つ（破壊する）ような力弱い命をつくるもととなるべき消極的な観念が、求めずして心の中にフーッと湧いてくる。

人間の心の中にそうした惨めな心が湧いたら、もう人生は最後、駄目であります。

どんなに学問しようが、どんなに金をこしらえようが駄目。

心の態度が積極化されないと、一番先にしょっちゅう心の中に起こってくる問題は、今言った全身の生命の状態を弱くしてしまうような消極的観念。

消極的観念には二十八種類ある

昔の宗教では、これを百八煩悩と名付けて、百八つあると言いましたが、まあ、子細に言ったらば、まさにたしかに百八以上ありましょうけど、だいたいに結論すると、二十八種類に私は分けてる。

もう既に私の機関誌の「志るべ」誌をお読みになった人は、昨年のたしか十一月号に詳しく書いといたが、覚えてない人が多かろうから、改めてここでもういっぺん言って聞かせる（註・書籍『叡智のひびき』所収・箴言三〇）。

およそ二十八とおりというのはなんだというと、第一が怒ること。心の態度が積極化さないと、すぐ怒る。怒り、Anger。それから次に寄せてくるものは、Fear。恐怖であります。第三番目はすぐ悲観。英語で言うPessimism。それからその次が苦労。英語で言うSuffering。それから煩悶、Agony。それから憂愁《ゆうしゅう》、Melancholy。それから懊悩《おうのう》、悩みだね。Anguish。それから迷妄《めいもう》、Delusion。心配、Anxiety。それから焦慮《しょうりょ》、焦り、Impatience。それから次が憎しみ、Hate。それから次が怨恨《えんこん》、恨みだね。Grudge。女だけのことじゃないんだ。焼き餅、嫉妬、男にもある。ねえ、Jealousy。それからその次が復讐。すぐに敵討ちをしたいというRevenge。それからその次が排他《はいた》、Exclusion。排他って歯が痛いんじゃないよ。人を排斥《はいせき》することを排他って言うんだ。それから嫌忌《けんき》。あれが嫌い、これが嫌い、Dislike。それからその次は誹謗《ひぼう》。そしりを言うこと、Slander。それから猜疑《さいぎ》、疑うことだね。Suspicious。それから邪推、Distrust。それから貪欲《どんよく》、Greed。その次が失望、Disappointment。それから落胆、気落ちをしちまうことね。Discouragement。不平。諸君らの最も得意とするDiscontent。それから不満。不平と相呼応してしょっちゅう心の中に出てくるだろう？　満ち足りた思いをしない不満。Dissatisfaction。それから自暴、Desperation。それから自棄。自暴自棄と不平不満は相呼応してる。自棄、Self-abandonment。それから讒誣《ざんぶ》、あることないことをつくって言うこと、讒誣。Calumny。中傷、

Defamation。

どうだい、これだけのものが、どれかしらがしょっちゅう心に出てくる。

今現在、あなた方の心の中に、このものの一つでもありゃしないかい？

そうしたらその人は、人間の本体が霊という気であるということを忘れた人で、人間の本体が霊という気であることがわかれば、その気を汚しちゃ大変だということがわかるに違いない。

気を汚すことの一番おっかないのは、心の世界にこうした汚らしいものを思い浮かべさせることであります。

ねえ。これを考えたら、心の世界は常に清いものであらしめなきゃならないだろう？

清いものであらしめようとするのには、何をおいてもまず第一番に、心を常に尊く強く正しく清くあらしめなきゃならないが、そうするのには先決問題として、すべからく行うべき必要なことはなんだというと、常に心に喜びと感謝の情をみなぎらすことを心掛けなきゃ駄目なんだよ。

これが運命を選ぶ法則にぴったりと合致した、一番尊い準備なので、そうしてまたそれがやがて、宿命の魔の手を防ぐ大きな鉄《くろがね》の盾となる。

誠なりこの真理。

常に何事にも歓喜し、何事にも感謝してごらん。

宇宙の造物主の心がそのままあなた方の心になったことになってるのと同様になるんだ。

宇宙の造物主の心の中には、今言ったような二十八種類のどれ一つもありゃしない。

宇宙の造り主のアイデアは、真善美以外にThere is nothing moreなんだ。だから怒りもなければ、怖れも憎しみも、妬みも悶えも悩みもない。

誠と不偏的の愛と、限りなき調和のみが造物主の心だ。

宗教的に言えば神仏の心がそれだ。

自己の最高の運命を選び出す秘訣

さて、そこで考えてみよう。

厳かに考えてごらん。

日常のあなた方、いえいえ、現在ただいま、どんな心持ちで座っておられるか。

静かに我が心を覗いてごらん。

今、自分の心の中に何か消極的な心が影を差してやしないか。

怒りはないか、憎しみはないか、悲しみはないか、悶えはないか、妬みはないか、悩みはないかと。

もしも、もしも、少しでもそういう種類の心が、爪の垢ほどでもあったならば、それは期せずして自分を運命の正しい線から脱線せしめて、自分というものを憐れな人間にする種を蒔《ま》いている人だと遠慮なく言っていいのだ。

要するに人間の幸福、不幸福というものは、その心の生活の営まれるときの態度に一にも二にも関わっている。

シェイクスピアの言葉にこういうのがあるね。

To be happy. It had better to make up your mind to be so.

本当に幸福になるのには、何をおいてもまず第一番に自分の心を、そうあるようにしなきゃ駄目だというんだ。

To be happy. It had better to make up your mind to be so.

おまえたちの心をそういうふうにあるようにしなければいけないんだよ。

どうにもそうしなきゃいけないってことなんだ。

It had better というのは It should be so よりまだ強いんだ。

とにかく、人間の瞬間瞬間の生活に臨む際の心の態度が、その人自身の運命を良くも悪くも、そのいずれにか選び出すことになるわけだ。選び出してることになるって言おうか。過去分詞を用いよう。

で、これは宇宙に存在する因果の法則のしからしめる当然の帰結で、だから、だから、平素人生に生きゆく際、いかなる場合があろうとも、まず心の中を本当の歓喜と感謝でみなぎらせる。

そうすると自然と巧《たく》まずして口をついて出る言葉は良き言葉であり、行う行いは良き行為となる。そうだろ。

そうすると、また求めずして良き運命の実りが、人生の花園に結んでくれることになるのも、必然であります。

だから日常、常にこの崇高なる高い価値の気分で人生に生活しなきゃいけないんだ。ね。

これはもう、宗教的にも道義的にも、哲学的にも科学的にも、人生の生き方として最も間違いのない正当な生き方なんだよ。

人間が心の中に何の煩《わずら》いをも持たず、常に喜びに満たさせ、感謝に満たさせていくてえと、自分でもびっくりするような尊い気持ちが、出そうと思って出さなくても出てくる。

そうするてえと、その心それ自身が常に自己の最高の運命を選び出してくれるというありがたい結果が来るんであります。

ちょいとしたわずかなことをするときでも、何も強《し》いて深く考えるまでもなく、フーッフーッと出てくる名案工夫がことごとく自分を良き運命のほうに導いてくれるという、大きな、そうだ、コンパスをなしてくれると言いましょうか。

だから、どんな場合があろうとも、特にこの今までならすぐ、こういう場合なら怒るだろうな、こういう場合なら悲しむだろうなというようなことに直面したときでも、それを心の中に決して持ち込まない。

俺の心は俺の命を守り、同時に広き人の世の幸福を守る大きな原動力的な大事な存在だ。これをくだらない感情の犠牲にして汚しちゃならないという積極的な態度を、ねえ、厳として堅持しなきゃ駄目なんだよ。

それを、これを怒らずにいられれっかとか、これを悲しまずにいられれっかというような屁理屈をつけるのは、もう本当にこれは文字どおり屁理屈だよ。

それでは宇宙法則に全然反逆を企てた生き方だ。

そうすりゃ、宇宙に存在する犯すべからざる運命に対する法則も、常にあなた方に悪い運命だけを注ぎかけることだけしか結果に来ない。

純真な感情の持ち主として生きる

どうで（いずれにせよ）人間は、一面から考えりゃ感情というものが、これはあらゆるすべての動物と違って、優れたものと、同時に反面に、優れざるものとある。

だから常に心して、清い尊い感情の中に自分の心を浸していけるように心掛けなきゃあ。

感情というものが、そうした注意深い状態で常に守られていかないてえと、人間の思いというものは、心の中の、感ずるが故に思うんですからね。その感ずる場合の感じを、正しい統制を施していかなければ、もう人間もサルもチンパンジーもゴリラも、犬も猫も五十歩百歩という結果しか来ないような、値打ちのないことをしょっちゅう思ったり考えたりすることになっちまう。

これを難しいと考えちゃ駄目だよ。

喜びと感謝に心を常にみなぎらせた生活をしようと思ったら、もう既に昨日、一昨日も聞いたとおり、できるだけ嬉しさ、喜ばしさは言葉で誇張しなさい。

そうして、反対のマイナスの消極的な感情や情念は、また言葉でこれを否定なさい。些細なことでも嬉しいこと、喜ばしいことは、ああ嬉しい、ああ喜ばしいと、こういうふうに表現し、憎いことや悲しいことや怒ることなどは、言葉で打ち消しちまえ。

こんなふうに怒ってたまるかと。こんなことで悲しんでたまるかというふうに。

ところが今まではあべこべなんだ。

喜んでいい場合には喜ばねえ。まだこれじゃ喜びが、喜べないとかね。嬉しがっていいようなときでも、もう少し恵まれなきゃ嬉しくねえとか。

それで怒ったり怖れたり悲しむことはもう、針ほどのことを棒ほどに、忍べば忍べる、堪えりゃ堪えられることでも、これが怒らずにいられっか、これを忍んでいられっかってなふうにね。

何のことはない、自分の命をより悪い方面へ持ってく悪魔の手伝いをしているようなことを、平気でやってる人が多い。

そうして、やれ、この世の中に神もない、仏もない、俺だけがなんでこんなに不幸なんだろう。俺だけは別にたいして悪いこともしてないのに、こんな不運だなんて言うけど、悪いことしてるじゃねえか。

自分がただしてないと思ってるだけじゃねえか。

峻厳なる宇宙真理の上から見るときに、心に持たしちゃいけない消極的な感情情念を持たせてることは、既に、天理の上から言ったら、非常なこれは悪なることじゃねえか。

だから心掛けなさいよ。

もっと清い正しい感情を、自分の心の中に分量を増やすように。

心掛けだから。

喜びと楽しみに対しては、本当に心をもう全部その中にぶち込んでやるつもりにならなきゃ。

怒りだ、悲しみだ、怖れだ、妬みだ、悩みだっていうものには、スーッと心のほうから身をかわしちまわなきゃ。

こういう心掛けで、そういう心持ちをつくってごらん。

そういう人の存在は繚乱《りょうらん》たる光明の存在だぜ。

そういう人の口から出る言葉は、語るその人々の生命のみならず、広き意味においてそれを聞く人の生命にまで良き結果を与える。

卑劣な気持ちや弱い心持ちや、卑しい心から出た憎しみや妬みや怒りやさげすみや、悲しみや怖れの言葉は、語る人それ自身の血液を悪くするばかりじゃない。その周囲に集まる人々をもやはり不調和に陥《おとしい》れる。

これは実在意識から潜在意識に及ぼす相互関係が、非常にユニバーサル（普遍的）だからだ。

だからこうした反省を明瞭に自分の心の中にむち打たなきゃ。

そうして常に、いかなる場合があろうと、人がおろうとおるまいと、清い純真な感情の持ち主としての人間で生きなきゃ。

そうすると、語る言葉も行う行いも、本当に造物主のつくったアイデアにぴったりと適合した万物の霊長たる人間としての資格の発揮ができる。

歓喜と感謝が天風哲学のゴールデン・キー

私がね、インドへ行きたて、いきなり私、こういうこと言われた。

「おまえはなんて幸福もんだい、世界一の幸福もんだな」って、こう言うんですよ。

How happiest you are, don't you think so? ってこういうふうに言う。

こう言われたとき私ね、あんまり嬉しくなかった。

かろうじて生きてるのが関の山というような病に苦しめられてる人間とっ捕まえて、なんとおまえ、世界一の幸福もんだなって言われたときは、冷やかされてるとしか考えなかった。

なんてこと言いやがるんだと思ったからね、What does that mean? って言ってやったんだ。

この言葉は、私は幸福もんじゃありませんよ、って言葉だね。

そうしたらね、おまえは生きてるじゃないか。

Now you are on the existence.

おまえ、自分の命がちゃんと生きてること、気がつかねえか。

Why don't you enjoy your Life while living? って、こう言うんですよ。

なんで生きてる間、おまえの生命ってものを楽しまねえんだと。

熱があったり、痛かったりしてからに、楽しめませんと、言いたいような顔してジッと見てたら、それだからいけないんだと。

たとえ熱があろうと、体が痛かろうと、辛かろうと、死なず生きてることを感謝しろって言う。

そこまで私の気持ちはきれいでなかったことを、本当にその言葉一言でもって悔い改める気になりましたよ。

とにかく人間の心はね、人の命と、宗教的に言えば神の命との調子を合わせるダイヤルなんだ。

そうして感謝と歓喜の感情は、これを嘆美する天来のミュージックなんだ。

どうだい、神と人間との一大調和をつくる秘訣は、実にこういう点にあるということがはっきりわかりゃしない?

喜びと感謝の感情は、造物主の進化と向上という尊い意図に順応せしめる神聖なもんだぜ。Evolution(進化)とElevation(向上)。この二つのものにぴたっと合ってくるんだよ。歓喜と感謝の感情は。これは実に神聖なもんだ。

怒りだ、悲しみだ、怖れだ、憎しみだ、悩みだ、悶えだというのが、反対の汚らわしい神聖を汚す破壊作用だ。悪魔の気持ちだ。

だから何のことはない、人間が喜びの感情と感謝の気持ちを持てば、それは宇宙霊に、宇宙霊の正しい力を呼びかける最高にして純なる合図を行っていることになってるんだよ。

それは我らの運命、健康や成功や成就となって表れるという、神の命の流れを自分の命の中にぐんぐんと導き入れてる、樋《とい》をかけてるようなものだ。

だから、だから、常に感情を正しく清く美しくあらしめるために、何事に対しても歓喜と感謝の感情を自分で自分自身が煽《あお》らなきゃ。

バイブレートしなきゃ。

さあ、たった今からどんな場合があろうと、今までは嫌だなあと思ったり、今までは憎いなあと思ったり、今までは悲しいなあと思うようなことが心の前に現れたときでも、ハッと今までと違う私だと。

ここでこの事柄に心が組み敷かれたならば、せっかく真理を悟り得た自分というものを自分が汚すことになるぞと。

光り輝くダイヤモンドを糞溜めの中に入れる必要はないと思いなさい。

好んで今までは人生を陰鬱と不安の中に引き入れていたことを、悔い改めなきゃね。

なんでも喜べ。

なんでも感謝しろ。

これがもう、率直な天風哲学のゴールデン・キーであります。

そうすると、結果は常に明朗溌剌《はつらつ》。明るく朗らかに活き活きとして勇ましい気持ちに、なるなって言ったってなれるんだから。

もうやがて、間もなくご飯が来るね。

そのとき、ワーってやるときに、お互いにあの笑うときのあの気持ち。あの気持ちが朝から晩までなきゃ。

どうだい、あんな気持ちで朝から晩までどんな事柄があろうとも、事なき日も、事ある日も、事なき日と同じく、「晴れてよし、曇りてもよし、富士の山」というような気持ちになってみろ。

人生は実に輝かしいほど光明化してくる。

物質的な法則に支配されると不平と不満が心に燃え出す

そうなり得るようにできてる人間なのに、そうなり得なかったことは、なぜだろう？

これは考えてみよう。

なぜだろう？

まんざらバカでもない、あなた方がね、なんでそれが考えられなかったかしら。

それはこういうわけなんだ。

お互いが不幸にも、あまりにも行き過ぎた物質主義の世界に生まれてきたがためなんだ。

いたずらに物質文化のみが進んで、精神文化がこれに並行しないで遅れてしまってるというような時代に生まれて生きてるために、自分じゃ気がつかないかもしれないけど、どうしても勢い、その人生が、もちろん気がつかないからでもあるけども、ややともすると、物質的な法則に結《ゆ》わかれてしまうべく余儀なくされてしまってるからであります。

物質的な法則に結わかれてしまうと、何事何物にものべつに足らない足らないの悩みを感じ通しなんだよ。

そうすると、また当然、言い知れない不平と不満が心に燃え出す。

と同時に、そういう人は常にまたとかく、さっきも言った、人に頼る依頼心のみが盛んに燃えちゃって、自然とこの価値のない迷信や、あるいは陳腐な宿命論に心酔させられちまうんだ。

するてえと、とどのつまりは、人生の安定を失っちゃって、さっきも言った言葉をもう一遍言えば、ウロチョロウロチョロ、少しも落ち着きを感じない人生に、生きたくなくても生きなきゃならないことになっちまう。

ということだけ考えただけでも、人生っていうものは、なるほどなあ、今日のたった今聞いたとおり、でき得るだけ、常に感謝と歓喜か。なるほど。これが本当の心の世界の立派な生き方だなあと、こう気がつくだろう。

忘れちゃ駄目だよ。

明朗潑剌の陰には、感謝と歓喜があるんだよ。

感謝と歓喜を振り捨てて、明朗潑剌は求めてもないよ。

どっちの人生が楽しみが多いか、どっちの人生が本当に生き甲斐があるか、考えなさい。

本当に自分の人生をエンジョイするのには、どっちがいいかっていうことくらいのことは、もう多く言うまでもないだろう。

「運命の誦句」

誦句を与える。

「運命の誦句」

およそ宇宙の神霊は、人間の感謝と歓喜という感情でその通路を開かれると同時に、人の生命の上に迸《ほとばし》り出《い》でようと待ち構えて居る。
だから　平素出来るだけ何事に対しても、感謝と歓喜の感情をより多くもてば、宇宙霊の与えたまう最高のものを受けることが出来るのである。
かるが故に　どんな事があっても、私は喜びだ　感謝だ　笑いだ　雀躍《こおどり》だと、勇ましく潑剌《はつらつ》と人生の一切に勇往邁進《ゆうおうまいしん》しよう。

さあ、ついておいで。

運命の誦句

一同　運命の誦句

およそ宇宙の神霊は、

一同　およそ宇宙の神霊は、

人間の感謝と歓喜という感情で

一同　人間の感謝と歓喜という感情で

その通路を開かれると同時に、

一同　その通路を開かれると同時に、

人の生命の上に迸り出でようと待ち構えて居る。

一同　人の生命の上に迸り出でようと待ち構えて居る。

だから　平素出来るだけ

一同　だから　平素出来るだけ

何事に対しても、

一同　何事に対しても、

感謝と歓喜の感情をより多くもてば、

一同　感謝と歓喜の感情をより多くもてば、

宇宙霊の与えたまう最高のものを受けることが出来るのである。

一同　宇宙霊の与えたまう最高のものを受けることが出来るのである。

かるが故に　どんな事があっても、私は
一同　かるが故に　どんな事があっても、私は
喜びだ　感謝だ
一同　喜びだ　感謝だ
笑いだ　雀躍だと、
一同　笑いだ　雀躍だと、
勇ましく溌剌と
一同　勇ましく溌剌と
人生の一切に勇往邁進しよう。
一同　人生の一切に勇往邁進しよう。

昭和三十九年（一九六四年）　京都

第八章　統一箴言《しんげん》

進化の原則。創造の法則。

人間は「完全」を求める

真理の瞑想に入る。

昨日は、運命の選び方という、運命に関する峻厳な法則がわからせられた。

今日は、さらに人間の生命の本来の面目というものが、どんなものであるかということを悟ることにしよう。

人間の生命の本来の面目。

ドイツ語に Aller Anfang ist schwer. という言葉があるね。

Aller Anfang ist schwer. すべての物の始まりには非常な困難がある、と。

こうやって苦もなく、一歩一歩はしご段を上っていくような正しい順序で悟りがひらかせられると、その最初の困難を感じないで済んじゃっているからね。

schwer（困難）というものを感じないで、スルスルスルッと困難の中へきわめてイージーに入っちゃっているものだから。非常に自分が苦心してわかろうとしてわかったんじゃないから、油断をすると、フーッとその気持ちがほどけるよ。

ほどけるというのは緩んじまう。

そりゃもうね、しばしばそういうことがあることをお互いに深く反省しなきゃならない。

私のようにこうやって何十年あなた方に道を説いている人間でも、フーッと時によるてえと、尊さに慣れちまうことがある。

だから、他の人間の気持ちなんていうものは、もうのべつ年中くだらない方面へとその心が騒いでいるであろうということは、決して軽率な断定じゃないと思うが。

さて、人間の生命の本来の面目とは、簡単な言葉で言えば、どこまで行ってもクリエイティブなものなんだ。いわゆる創造的なものなんです。

だから、この生命の本来の面目を積極的に人生に活用することが、結局人間としてのこんにちの生命が生かされている、このありがたい事実に対する当然の義務なんだ。

そこでまず第一番に考えたいのは、人間の生命の本来の面目が、はたしてクリエイティブなものか、いわゆる創造的なものかということを、ここで考えてみよう。

それはもう、きわめて簡単な事実がそれを我々に教えてくれているんだが、さあ、理屈にこだわって人生を考えようとする人間にはこれが発見できない、気づかない。

どんな簡単なことでもってそれが悟れるかというと、人間はどんな人間でも何事何物をも完全にしたい、完全にあらしめたいという気持ちがあって、したがって不完全を喜ばない、完全を喜ぶという気持ちが、これはもう男女を問わず、子どもであろうと大人であろうと、みんなそれを熾烈《しれつ》に持っているということを考えてごらん。

そういう簡単なことを私は、山の中でなかなか考えられなかったんや。偉そうな理屈ばっかりべらべらべらべら考えてしゃべって。

何事何物をも完全にあらしめたい。

したがって、我々の心が完全を喜ぶという、この自分の心の中にある、誰しもにも共通的な自然現象を静かに考えて、この自然現象を合理的に応用すると、人間は期せずして自己の健康や運命を完全にすることができるようにできている。

いつも言っているとおり健康や運命というものは、より良くするほうがより悪くするより易しいんだと言っているのはここなんだ。

くどいようだけれども、何人《なんぴと》といえども、たとえその人が芸術家でなくとも、創作家でなくとも、人間は今言ったとおり何事何物かを完全につくり上げたいという意欲観念を持っていることは、これはもう共通的です。

だから、したがって代償のない破壊は喜ばないね。

ちょいと手元の物をそこで取り落としても、いきなりこれを拾い上げて元の格好にくっつけてみるという人情がある。なんとなく惜しい気持ちを感じるがためだ。

これがとりもなおさず、人間の生命の本来の面目が、完全を望む証拠だもの。

Evolution（進化）とElevation（向上）

こういう点から考えても人間がこの世に生まれた使命が、進化と向上にあるということがわかるね。つまりEvolution（進化）とElevation（向上）だということがね。

着物に格別女ほど執着を持たない男でも、汚いよれよれの洋服を着せられるより、仕立て上がりの立派なスマートな洋服を着るときのほうが気持ちがいい。

俺はそうじゃねえよ、泥ごけのを着ていたいというやつは、気が違っているやつ以外にはないわけだ。

こういう簡単な人生に誰でもが知っている事実を考えると、もう人間の生命の本来の面目は、瞬間、須臾《しゅゆ》の間といえども、創造的な自然傾向の中で生かされている、生きているということが考えられる。

そして、この生命の本能を、どんな場合でもいつも同じ気分で心に持っている人は、早く老いぼれないで済むわけだね。

人間というものはね、自分の心の中に描いている理想や、あるいは希望というものに近い生活が行われつつあればあるほど、なんとはなしに生き甲斐のある幸福を感じるものなんだ。

自分の思っていること、考えていることの逆ばっかりが自分の人生の現在に出てきて幸福を感じるやつはないだろう。

思ったような、また思っているようなことに近い生活ができると、なんとなくこう、傍《はた》から見ちゃとにかくとして自分自身は、とても価値ある生活をなしつつあるごとくに自分自身は考えるのであります。

だから、この事実を哲学的に究極していくと、万一人間の心の中にだよ、物事を完全に創作したいとか創造したい、してみたいとかという希望や理想が薄くなったり、あるいは消えてしまったりすれば、その人は自己の存在を知らずしらずこの世から、否定しないまでも、その生命の存在の力を細くしている人なんだ。

しかし、だからといっても、現代の人の多くのような卑しい欲望や汚い希望から出発した創造意欲や創作意念は、むしろあらずもがな。

なぜならば、同じ物事を希望する場合でも、気高い気持ちの欲望から出た意欲と、卑しい気持ちから出た意欲とは、事実は同じであろうとも、その結果が全然価値の上に相違が来る。

そして第一、身のほどを知らない意欲や創作意念というものは、満たされない場合のほうが多いんだから、とかくそれは考えただけ望んだだけの結果しか来ないから、したがって人生の興味を失い易い。

そうすると、結局はうやむやの人生に生きるに等しいことになっちまうわけだ。

だから、かりそめにも統一道を自分の人生の規範的モットーとしたい人は、自分の生命の本来の面目の中にあるこの創造的能力を、価値の高い目標で常に応用していくことに努める。

価値の高い目標というのは結局要するに、Evolution と Elevation に順応しなきゃ駄目なんだよ。

特にこの、若いうちはね、どんな人間だったたって、自己向上ということに相当大なり小なりその心の中は燃えているけれども、ただ、年配が進んで、そして思うように自分の運命が年の割に進んでいないというような人は、とかくこの自己向上の情熱が薄らぐのが、もう世界共通的な人間の心の傾向らしい。

それがいわゆる「年寄りの引っ込み思案」という言葉になって表れているんだが。

もっとも、当節は若い人の中にも引っ込み思案のやつがいる。

そういうやつはもう本当言ったら男四十になれば立派に成功しているはずなのが、四十になっても五十になっても成功していないやつは、気持ちの中に自分自身を本当に鼓舞奨励《こぶしょうれい》する創造的意念というものが、引っ込み思案のために消えているやつか、あるいは下火になっているやつだね。

だから、年の若い人、年を取っている人の問題はないんだ、もしこのお集まりの中に、自己向上の意欲が少しでも薄い人は、とんでもなく自分の人生を軽く見ている人だと遠慮なく言うよ。ただし、ただああなりたいこうなりたいは駄目なんだよ。それは意欲じゃないよ、それは願望というものだ。デザイアだ、それは。

確信のあるアプリケーション（応用・適用）でなきゃいけない。

年齢や境遇を超越して創造能力を活用する

一体、人々の多くが年齢というものを非常に重大に考えるのは、結局今言ったような自己向上の意欲が消えてきた自分を、直接間接に感じた場合に、その心の中に知らずしらず出てくる一つの愚痴みたいな気持ちなんだね。

「もう私もいくついくつだから」「余命いくばくもないから、今さら向上しても」なんて変な理屈をつけて、漫然とその日その日をさながら酔生夢死《すいせいむし》的に生きる。

これじゃ駄目だ。

生きている限りは死んでないんだから、死んではない限りは生きているんだから。

私、と言うとおかしいが、まず無論当然のことですけれど、毎日必ず私は、今ロシア語を一生懸命勉強しているんだが、必ず十語だけは、今日新しい言葉を覚えるというのを毎日の、今私、デイリーレッスン（日課）にしている。

この間も東京で私がテープレコーダーでもってロシア語の会話を一人で聴いていたら、そこへ森田博士が入ってきて、

「うわっ、驚いた、先生勉強ですか」と言うから、

「勉強よ」

「うわー、先生の年になってからにこんな勉強している人初めて見た」と言うから、

「そんなに珍しがるなよ。広い世間には俺みたいな人間だっているわい」と。

私は何も自分が偉くなろうがために一生懸命勉強しているんじゃないんだ。

生きている限りは、自分の広き意味における人生の視野を完全に拡大することが自己に対する義務だとこう思っているから。

何も私は誰にも頼まれないのに、急いで焼き場の扉を開きに行くような人生生活をする必要はないと思っているから。

とにかく、今も言ってるとおり、かるがゆえに生きている間は、一日一分といえども完全に生きようとする意念を、現実的に実行に移していかなきゃいけないんだよ。

ただ、ああなりたいこうなりたいだけは誰だって持っているんだから。

そいつを実行に移していかなきゃいけないんだよ。

そこへいくと、あなた方は実にいかになすべきかを教わっているんだから。

そして、万物の霊長として生みつけられた造物主への忠実な義務が全うできるように、もう立派に天風会員としてその資格が与えられていると同時に、理解が徹底しているんだからね。

だから、いくつになっても人間は自分の年齢なんかに構っていちゃ駄目だよ。

人生はその人がその現象界にいた年月の長さによるんじゃなくして、その人の生命に対する気分が、とても大きな関係があるんだから。

人間は年齢を超越して、それから現在の境遇を超越して、始終自己向上を志し、生命本来の面目である創造能力を活用しなきゃ駄目だよ。

そうすりゃ、いつも頑健矍鑠《がんけんかくしゃく》として、人並み以上の若さで、生命の年限を潑剌《はつらつ》颯爽として重ねていけるんだよ。

そして、そんな気持ちで生きていくと、自分でもおもしろいほど自己の向上というものが、別にたいした努力をしなくても、これはもうね、目覚ましい進歩を自分の生命の中に見出すぜ。見出し得るほど、その人のしている行いも言葉も、世の中のためにどんなより良いことになっているかわからないという結果さえ来る。

自己向上という正しい希望を心の中に輝かせる

だから人間として生まれながら、働く気持ちや努力の気分が薄くなったり消えたりするやつは、結局要するに戸籍の上から自分を抹殺する努力をしているやつなんだな。

また、そういう人生はみるみるそれ自身を憔悴《しょうすい》せしめちまう。

何しろ命を支える活力の受け入れ口を自分でふさいでしまうのと同様の結果が来るからだ。

だから、人間は年じゃないということを忘れちゃいかんぞ。

特に病を持つ人や体の弱い人は、病をいたずらに気にしないこと。

その苦痛に悶えるようなバカなことはしないこと。

一番考えなきゃならないことは、生きている証拠だと思え。

死んでいる者には患う病はないんだから。

その証拠には裏のお墓へ行ってみろ、お墓が頭痛がするとか腹が痛いとか言わないだろう。

だから、なにかなしの、そこに気分を感じたら生きている証拠だと思え。

そして同時に、生きている以上は生き甲斐のある状態で生きよう。こんな苦痛や、こんなことぐらいでもってへこたれて何になるというんだ、これを乗り越えていくところに俺の生き甲斐があるんだ、とこういうふうに考えてごらん。

ちょいと考えるてえと、特にこの神経過敏な医者なんかから考えると、無鉄砲なように感じるかもしれないけれども、その無鉄砲に感じるものの中に、生命の本当の強さが働きかけるという原動力的なものがあるんだよ。

勇気は常に勝利をもたらす。

断じて行えば鬼神もこれを避く。

だから何においても現在の病に負けないこと。

病に負けないようにするにはどうすりゃいい？

それはもう、あの箸を切るとき、それから、腕押しをするときの要領だ（註・修練会で体験する観念の実験のこと）。

相手にならなきゃいいんだよ。

病と、言いにくいけれども女は、相手にしないほうがいいんだよ。

応じたりすればするほどうるさいんだから。

変なことを申し上げて相済まないけども、日本の女のことじゃないらしいこれは、フランスの言葉だ。

けれど、どうやら日本の女にも多少これは考えられる場合もなきにしもあらずでね。

まぁ女のことはとにかくとして、いかにその人間が統一道に古くいたって、体に不健康な状態の出たとき、その病をなんとかしてからに、乗り越えていこうなんていうような努力をする人間だったら、その人間は、ただカビの生えたほど古くなったというだけで、まだ本当の統一道の会得をしている人間だとは言わないぞ。

相手にしなくならなきゃいけない。

どんなに痛みを感じている場合でも、肉体の痛みは感じていても、精神に痛みを感じせしめないというこの気持ちが必要なんだ。

相手にすると負けるよ。

相手にすると、もう既に自己向上を自分でストップしてしまうことになるから。

病は病として、病は病だけでもっておっぽり出しておけばいい。

心までそれに付き合わせる必要はないんだ。

付き合わされるといたずらに回復を遅くする。

自然良能の発動を妨げることになる。

だから医者が驚くのは、何も知らないやつが病にかかった場合と、非常にこういう教えでもって心ができている人間が病にかかった場合とが同じことで、治りが早いんだ。

一番いけないのは、中途半端な屁理屈を言っているやつが一番いけないんだよ。

とにもかくにも人生というものは、病があろうがなかろうが、はたまた現在運命が良かろうが悪かろうが、心がそれを、いいか、相手にしていないところに、まさに完全に乗り越えた状態が表れるんです。

だから真理に即して人生を有意義に生きようと思うのなら、一足飛びに今言った絶対真理を応用して、そして心をもっと超然たる方面に置かなきゃ駄目なんだ。

しょっちゅう五感や感情に握手せしめて、そして、それにこだわっているからいけない。

今もさっきも言ったとおり、宇宙霊の無限大の生命を受け入れる受け入れ口を自分自身が狭くしてしまうような滑稽《こっけい》なことをやっているんだ。

だから自己向上という正しい希望を我が心の中に輝かしながら、たとえ進歩は遅くとも、一歩一歩を確実に踏み締めていくという、この意識的な自己誘導でもって人生に生きなきゃいかん。

それが統一道の人生に対する犯すべからざる心がけだ。

「統一箴言《しんげん》」

さっ、誦句を与える。

この誦句は長いぞ、今日は。

「統一箴言」

人の生命は、宇宙の創造を司どる宇宙霊と一体である。そして人の心は、その宇宙霊の力を

自己の生命の中へ思うがままに受入れ能《あと》う働きをもつ。然《しか》もこうした偉大な作用が人間に存在して居るのは、人は進化の原則に従い、神と倶《とも》に創造の法則に順応する大使命を与えられて居るがためである。

私は心から喜ぼう　この幸いとこの恵みを!!

私は今　人の世のために何事をか創造せんと欲する心に燃えて居る。そしてかくの如くに心を燃やして居れば、いつかは　神は私に何を為すべきかを教えたまうにきまって居る。私は今　私の生命の中に、新しい力と新しい元気とを感じる。私は今　心も肉体も新生しつつあるのである。同時に私は今　限りなき喜びと輝やく希望とに雀躍《こおどり》する。それは私は今　神の叡智を真実に自分の生命の中に受入れる秘訣を会得したからである。それ故に私の創造の力は　最も旺盛で且つ完全である。従って私の人生は　昨日までの人生でなく、潑剌とした生気が溢《あふ》れ、敢然《かんぜん》とした勇気で漲《みなぎ》って居る。

そして何事をも怖れず、また何ものにも怯《ひる》まず、人生の一切を完全に克服し、只《ただ》一念神の心と一体化して　汎《あまね》く人類幸福のために、創造に勇ましく奮闘せんとするのみである。

さあ、一緒にいけ。

統一箴言

一同　統一箴言
人の生命は、
一同　人の生命は、
宇宙の創造を司どる
一同　宇宙の創造を司どる
宇宙霊と一体である。
一同　宇宙霊と一体である。
そして人の心は、
一同　そして人の心は、
その宇宙霊の力を
一同　その宇宙霊の力を
自己の生命の中へ
一同　自己の生命の中へ
思うがままに受入れ能う働きをもつ。
一同　思うがままに受入れ能う働きをもつ。
然もこうした偉大な作用が
一同　然もこうした偉大な作用が

人間に存在して居るのは、
一同　人間に存在して居るのは、
人は進化の原則に従い、
一同　人は進化の原則に従い、
神と倶に
一同　神と倶に
創造の法則に順応する
一同　創造の法則に順応する
大使命を与えられて居るがためである。
一同　大使命を与えられて居るがためである。
私は心から喜ぼう
一同　私は心から喜ぼう
この幸いとこの恵みを‼
一同　この幸いとこの恵みを‼
私は今　人の世のために
一同　私は今　人の世のために
何事をか創造せんと欲する

一同　何事をか創造せんと欲する
心に燃えて居る。
一同　心に燃えて居る。
そしてかくの如くに心を燃やして居れば、
一同　そしてかくの如くに心を燃やして居れば、
いつかは　神は私に
一同　いつかは　神は私に
何を為すべきかを教えたまうにきまって居る。
一同　何を為すべきかを教えたまうにきまって居る。
私は今
一同　私は今
私の生命の中に、
一同　私の生命の中に、
新しい力と新しい元気とを感じる。
一同　新しい力と新しい元気とを感じる。
私は今
一同　私は今

心も肉体も
一同　心も肉体も
新生しつつあるのである。
一同　新生しつつあるのである。
同時に私は今
一同　同時に私は今
限りなき喜びと
一同　限りなき喜びと
輝やく希望とに雀躍する。
一同　輝やく希望とに雀躍する。
それは私は今
一同　それは私は今
神の叡智を
一同　神の叡智を
真実に自分の生命の中に
一同　真実に自分の生命の中に
受入れる秘訣を

一同　受入れる秘訣を
会得したからである。
一同　会得したからである。
それ故に
一同　それ故に
私の創造の力は
一同　私の創造の力は
最も旺盛で且つ完全である。
一同　最も旺盛で且つ完全である。
従って私の人生は　昨日までの人生でなく、
一同　従って私の人生は　昨日までの人生でなく、
溌剌とした生気が溢れ、
一同　溌剌とした生気が溢れ、
敢然とした勇気で漲って居る。
一同　敢然とした勇気で漲って居る。
そして何事をも怖れず、
一同　そして何事をも怖れず、

また何ものにも怯まず、
一同　また何ものにも怯まず、
人生の一切を完全に克服し、
一同　人生の一切を完全に克服し、
只一念神の心と一体化して
一同　只一念神の心と一体化して
汎く人類幸福のために、
一同　汎く人類幸福のために、
創造に勇ましく
一同　創造に勇ましく
奮闘せんとするのみである。
一同　奮闘せんとするのみである。

昭和三十七年（一九六二年）　京都

第九章

信念の誦句

信念は人生を動かす羅針盤

心を積極化させるために不可欠な事柄

今日の悟りの題目は、より一層我々の心を本当にいかなる場合があろうとも、尊く強く清く正しくする、いわゆる積極化する一番大事な事柄。

たいていの人は知っていながら、それが実行できていません。

それをまず第一番に、これはもう自分の心そのものにしなきゃならない大事なもの。

それを今日は悟ることにする。

それはなんだと言うと、もう小さいときから、折あるごとに時あるごとに学校の先生や先輩や、あるいはものの本で読んでいたろう、あの「信念の煥発《かんぱつ》」ということだ。

誰でもが知っていて、誰でもができてないのがこれであります。

健康や運命に本当に自分が勝利の旗風《はたかぜ》を翻《ひるがえ》して生きていくことのできない人が、いかにこの世の中に多いか。

しかも、その多い人たちのみんなすべては、この信念という大事なことが、その心から欠乏されているがためなんだ。

それがために、人生を不調和に陥《おとし》れなくてもいいのに、不調和に陥れたり、あるいは人生を破壊するような凶悪な宿命の魔の手に、自分のほうからもてあそばれて、そして憐れ、貴重な人生を泥塗っちまうという人が多くなる結果が来てしまう。

これは真剣に考えてみなきゃならない人生問題だぜ。

いつも口癖に言ってるとおり、人の世は一遍きりで二度と来ない。

そうしてしかも、この二度と来ない瞬間瞬間が、どんどんどんどん過去のリールの中に巻き収められていって、そして再び帰ってこない現実から遠く離れた夢の世界へ入っちまうと同時に、この現在が時計のセコンド（秒針）の、チクタク刻まれるにしたがって過去に入っていくと同時に、自分というものも、またこの現象界からその姿を消すときが、だんだん近まってくるという、この一大事実。

これが無常迅速《むじょうじんそく》、生死一番という、仏教のほうで一番大事なこととして考えなきゃならないと教えていることなんです。

ところが現在ただ今、まあ、病でも持っている人は、自分の生死に対する考え方が、なんでもない人よりは、たまたま、深刻に自分の心の中に浮かび出るけど、運命もいいわ、体も健康だわという人は、この大事なことをひょいと忘れちまうんだ。

それで自分というものだけは、いつまでも生きてられて、自分というものだけはいつまでも健康や運命を楽しんでいかれるように、非常にこの横着な考え方で人生を考え出す。

ところが、この考え方が全く横着である証拠には、人生というものはいつ何時、どんな落とし穴の中に落っこちるかわからないくらい、事ある人生こそ常なんです。

今言ったとおり無常迅速というのはそれなんだ。現在ただ今と状態が同じで決して次の瞬間はあるべきでないぞというのが、無常迅速ということなんです。

だから、常に自分というものが、どんな場合があろうとも、その心が動かざること山の如き強さ、安心した本当の頼み甲斐のある状態に、心というものをしなきゃいけない。

そうするのには、信念の煥発だ。

ところがその信念の煥発が、そこまで説かれると、なるほどとわかりながら、なかなか普段もって信念煥発してないことおびただしい。

なんでもないときには、大変どうも自分の心ができているように思っている人もあるかもしれないけれども、多少なりとも健康に故障が起こってきたり、あるいは多少なりとも運命に非なるものが生じてくるてえと、全然それはなっちゃいない人間がいかに多いかを考えなきゃ駄目だよ。

それというのも結局、命を守ってくれる心の態度の積極化ということを、本当に固める、根本的に必要な信念というものが心の中に欠乏しているがためなんです。

偉大な人物たちも信念が大事だと言っている

こんにちのような、物質文化が進まなかった時代にもだ、もう何千年も前から、洋の東西を問わず、人生を考える学者は、これはもう信念というものが一番、何をおいても大事だということを、いろいろな言葉でもって形容して教えていることは、諸君も知っているだろうと思うね。

キリスト降誕前の時代にいたヘブライのソロモンという、今から考えりゃたいした学者じゃなかろうけれども、その当時の野蛮時代の人間の仲間にいては、とにかくにも先覚者としての頭を持ってた、その当時の偉い人だった。

この人が確かに偉かった証拠には、信念を、人間かサルかわからなかったような時代の人間の仲間にいて、人間には必要だということを言っていた。

あの人の言葉として、世界名言集に残っている言葉は、「人の真の値打ちは、宝石でもなければ、またその他の宝物でもない」と。その時分には今みたいなお金というものがなかったから、経済社会じゃなかったから。物々交換の時代だから。「宝石でもなければ、また宝物でもない。人の値打ちは信念の二文字だ」と、こう言っている。

ソロモンばかりでなく、それからずっと後の世の、釈迦やキリストやマホメットの生まれた、今から二千年ばかり前の時代にはもう、ソロモン時代と違ってからに、非常に世の中も、今とは比較にならないけれども、ソロモン時代とは比較にならないほど進んできたからでもあるけれど、この三人がほとんど申し合わせたように、地球の中に、ほとんど時を同じゅうして生まれてきた。

それから、少し時代をちょっと三百年ばかり遅れて、支那に孔子という人が生まれた。

この四人は四人とも、この信念がいかに大事なことかということを、いろいろな言葉で言っている。

試みにお耳に入れておくが、釈迦は「信ぜざれば救う能《あた》わず」と言っている。信念のないやつは救うことはできないと言うんだ。

そういうのを「縁なき衆生《しゅじょう》」と言うんだと。

だから今の時代にもしも釈迦が現れたらば、これはマスコミの時代に生きている人間は、どれもこれも縁なき衆生だなと思って、救っちゃくれなかったろう。

救えないと言うから。

それからなんか、仏教華やかなりし時代に引き替えて今、仏教は火の消えたようになって、新興宗教に頭を押さえられて、ただもう、ありきたりの仏事供養だけが型のごとく残っているだけでもって、今まさに、昔ありしごとく、仏教によって本当に救われている人なんてものは、何万人に一人いるかいないかわからない。

現代のような、特に科学教養を受けた人間に、あまりにもそれは現代の理智にぴったりこない教えであるだけに、特に現代の若い青年層からは、顧《かえり》みられない状態になっちまってますが。

したがって釈迦が今の時代に出てくりゃ、なんてまあ、どれもこれも縁のなき衆生だと思うだろう。

それからキリストは、「理屈を言わずに信じろ」と言ってるんですよ。

キリストは理屈を言わずに信じろと言うけれども、理屈を言わねえで信じるなんてこと、今の人間にできやしねえ。

理屈言って信じないよりも、理屈言っても信じようともしないいんだから、信じる信じないなんてことは今の人間の心の中にはありゃしない。

それからマホメットは学者ですから、言ってることが非常に学問的なことを言ってました。「疑って、迷って、真理から遠ざかる者よりは、信じて欺《あざむ》かるる者、汝《なんじ》は幸いなり」と。

これはまた確かにそうだ。

疑って、迷って、しょっちゅう人間というものが、ねえ、悩みと悶えで生きてるよりは、信じていっそ欺かれてしまえば、一遍欺かれればどんなバカだって二度欺かれやしないから。

だから、もう一つ違った言葉で、これは誰が言った言葉か知らないけど、昔から日本にあるが、「騙《だま》されても騙すなよ」という言葉があるだろう。

欺かれてもいいから欺かない。欺くなよと。

それから孔子はさらに、「信こそ万事の元なり」と。

信がなければなんにもできねえぞと。それはまったくそうなんですよ。

疑い出したら、一日一分だってこの世の中にいられやしねえ。

そうだろう。

今こうやって生きちゃいるけれども、いつ何時この地球が破裂するかわからないと思ったら、一時もじっとしてられやしねえだろう。

もっと露骨に言っちまうと、疑い出したら、何事も安心ができない。

一軒の家にいたって、親子、兄弟さえ信ずることはできないじゃないか。「なんだ、こいつら俺の兄弟で、俺の親か。どうも何も証拠がねえんだからなあ。ただ古くから一緒にいるだけの話でもって、ほんとに親かしら。ほんとにこれ兄弟かしら」なんて思わざるを得なくなるだろう。

だから疑い出したら一分一秒、食べ物食べるんだってそうじゃねえか。自分が顕微鏡で検査したんじゃないんだから「ひょいとこの中にばい菌が入ってやしないかい。もうお茶一杯だって飲めやしない。ら」なんてなことを考えたらば、もうお茶一杯だって飲めやしない。

してみると、孔子の言ったとおり、信は万事の元だな。

「青い鳥」の作者のメーテルリンクの言葉には、これは現代の人間にはぴったりした信念の重要性が、違った言葉で教えられてるね。

あのメーテルリンクの言葉は、若い人はみんな知ってるだろう。

「能《あと》うべくんば極めるもよし」、つまり研究のできるものは欲しなさいと言うんだよ。けれど、この世には極めても、極めても、極めてもわからないことのほうが、極めてわかることよりは多いんだ。

だから「極め能《あた》わざるものはただ信じるにしかず」と。

ところが、お互いは誠に不幸なるかな、1プラス1イコール2でなきゃ、承認を与えまいとするところの科学というものの教育を受けてるものですから、なんでも極めることこそよけれ。

極め能わざるものは信じないほうがいいんだというふうに、妙に頑《かたく》なに考えてるこの気持ちが悪いと思わないために、どうしても現代人は、本当に無邪気にものを信じようとする純真な気持ちに欠けているのであります。

字一つ書くんだって、絵一つ描くんだって、俺にはできないと思ったらできないじゃねえか。できると思うと、できないと思うとは紙一重、右と左だ。

命の中に生まれながら与えられている力を信念する

だからこういうわかりきったことを考えると、どこまでも我々は、極め能うものは極めるがいいけど、極め能わないものは信ずるよりかしょうがないということに対して、もう全然我々は白紙にならなきゃいけない。

それでないてえとね、これはもう、人生というものがますます不可解のこんがらがりの中に陥れられる。

ただもう日々の人生が不安と恐怖でのみ終わるべく余儀なくされちまうんだよ。

そうするともう、この世に何しに来たのやら。ただもう、思い悩みに、悶えて苦しみに来たとしか考えられない毎日毎日が終わっちまうわけなんだ。

それが嘘でない証拠はね、ひとたびこの修練会場から表に出てみると、街で生きてる人たちの姿がすぐあなた方に、なるほどそうだと、目に見える事実で教えてくれるだろう。

もっとわかり易い言葉で言えば、今まさにこうして真理と取り組んで、なんとも言えない心の中に、厳かさを感じて生きていられるような、ねえ、この尊い時間を人生のものとしている人が、今の街中にどれだけいるだろう。

いやしないよ、ほとんど。

いや、暑いの寒いの、滑ったの転んだの、何が食いてえのあれが欲しいの、儲けてえの、いやどうのこうの、滑った転んだ、もう大変なもんですよ。

そしてそれじゃ、少しでも自分の欲望の希《こいねが》うところが、百に一つでも叶えさせられているかと思や、みんな叶えさせられていない憐れな人生に生きてるんだ。

そこへいくと天風会員はね、同じ心の中で要求していることでも、高い階級の価値の、また優れたものしか要求しないから。

それでしかも、それがみんな自分のでき能うことのみ以外のことは要求しないから。

だから心の中に悩みもなきゃ、悶えもないに違いない。

また、ないような人間になれるようなことを、毎日毎日教わっているんだから。

だから何をおいてもまず第一番にね、初日以来、口の酸っぱくなるほどあなた方の耳に入れている、人間というものの命の中に、生まれながら与えられている力というものに対して、もっと信念を強く持ちなさい。

思い方一つなんだもの。

「先生はああ言うけれども、先生のように修行を積まないとなかなかその力は出ない」なんていうふうに考えてるやつがあったら全然駄目だよ。

修行を積もうが積むまいが、生まれたときからその力が与えられている証拠には、体の弱い人は考えてみろ、自分は体が弱い弱いと言いながら、死なずに生きてるじゃねえか。

犬や猫や虎やライオンだったら、少しでも体に故障が起きてくりゃ、そう長く生き堪《こた》えていく力はないんですよ。丈夫なときだけは元気があるけれども、彼らは、少しでも体が弱くなるてえと、その弱くなると同時に、死ぬことのいかに早いかは、人間以外の動物はみんな一様に、申し合わせたように、その力の中に踏み堪えていく底力がないからなんだ。ね。

だからとにもかくにも、理屈抜きにして、自分の命の中に生まれた力というものを、強く信念しなきゃ。

私の著した『真人生の探究』の一番先に、人間とは何、ということが書いてあるだろう。あれをもう一遍読んでごらん。体の弱い人や運命の悪い人は。

あれだけ読んだだけでもって、釈然《しやくぜん》として夢覚める気持ちが来るに違いない。

「おまえは信念強くなる」と毎日真剣に言い続けよ

東京へ来るとね、今、世界の中で五人の一人と言われている、原子力の学者の駒形作次という人が来てます。

今度私の著す『箴言註釈』という本の序言を書いてくれてるが、この人が初めて私のあの本を見たとき、いいかい、世界で五人の一人の学者でありながら「ああ、俺は今までなんてバカだったろう」と心の底から感じて、私のところに来てからに、はっきり言いましたよ。

「あのご本を拝見して、初めて私は自分のバカであることがわかりました」

世界の五人の一人と言われている学者でさえなおかつ、自分の全く気のついてないことがあの本に書かれてあったことを、目で見て、そうして心の底からこの反省が、私の前に両手をつかせたという行為になったわけだ。

ねえ。だから駒形さんが世界の五人の一人の学者になるまでは、自分がただ努力してそうなったと思ってたらしい。

いくら努力してもだ、自分の生命の中にそういう力が生まれながら与えられていない限りは、努力はただもう空《むな》しく終わるだけのことじゃないか。

つまり、努力ということがバイブレーションになって、生まれたときから与えられた力が、それによって結局頭を持ち上げてきただけなんだ。

生まれたときにそういう力が与えられていなかったらば、炭団《たどん》はいくら磨いててもダイヤモンドにはならないだろう。

光を放つ素質がありゃこそ、磨けば光が出てくる。

人間は誠に尊いかな、もう何遍も手を替え品を替えて言ったろう。

宇宙をつくった造物主の持つ力の分与を、質において量において、一番優れた形で与えられたものだ。

それが万物の霊長という呼び名で呼ばれる所以《ゆえん》の全部だ。

だから静かに自分自身考えて、自分に信念があるかないかをまず探求して、毎晩の寝がけの鏡を見て与える暗示のとき、「おまえは信念強くなる」ということを本当に心を込めて言うんだよ。

講習会を初めて聞いた人は、次の講習会の来るときまでぐらいは、教わったことはとにかく、鏡を見ながら真剣に「おまえは信念強くなる」と言ってるかもしれないけど、それが二年、三年、五年、十年になるてえと、同じ言うんでもただ、義務的な機械的なやり方で終わってしまう人があるんじゃないかを、私は遠慮なく言っていいと思う。

もう夜の寝際でもちょいと鏡を出して、お付けたりに、「おまえは信念強くなる」ぐらいのことで寝てしまうんじゃないかい？

私とあなた方が旅行しないからわからないけど、旅行した人ならば、必ず夜の寝際、それはもう私がどんな真剣な気持ちでもって鏡を向いて暗示を与えているかということを、脇目で見たらびっくりするんであります。

私はね、たった今、今日、自分が苦心して悟った悟りを、すぐここで実行するんだということの気分でやるから、どんな日があろうとも、面倒くさいなんて思ったこともなければ、煩《わずら》わしいと思ったこともないのであります。

それをあなた方は頭がいいのか、あるいは横着なのか、ずるいのか、あるいは賢いのか、ちょっとそこんとこは見当がつかないが、もう三年、五年にもなるてえと、何かもう大変偉くなったような気持ちになりやがる。

鏡の暗示なんかやっても、ただ義務的。深呼吸法のごときをやっても、ただ日にもうせいぜい二十回か三十回。

それでやるんだったたって気が籠もってない。

信念的でないんだから。

やらないよりはいくらかましぐらいの結果しか来やしない。

それで長生きしようの、やれ、いい運命でもって生きようなんたって、全然それは。

大阪のほう行こうと思って東京のほう向いて歩いてるやつと同じことになっちまう。ね。

人間が健康や運命の勝利者になるのには、紙一重のちょっとしたそういう心がけがだ、真剣に心の中でもって、本当に慎ましやかな気分で行われるか、行われないかだけの相違なんだぜ。

だから特に古い人には言っておく。

古いから偉いんじゃねえぞ。古くていいのは石灯籠だけだ。

いくら古くても、真剣に実行してなかったら、その実行は結局ただおざなりの付けたりの実行になっちまう。

よし昨日入っても、真剣な気持ちでくりゃ、それはその真剣な気持ちは十年、二十年の修行者に勝《まさ》る。

だから新しい人に言っとく。

古い人に優れたからとて、決して、何もあなた方、いわゆる礼譲《れいじょう》の道にはずれたことにならないんだよ。

あとのほうが先になってもいいんだから。

「古い人間があのくらいだから、俺はまだ入りたてだから、あのくらいのところまで行っちゃ済まなかろう」なんて思っちゃいけないよ。

あとのほうがどんどん先になって構わない。

だから何をおいてもまず信念を、本当に正しく、自分の心のものにしようと思ったら、あの鏡を向いて行う自己暗示法は、手っ取り早く信念をcultivate（養う）してくれる秘訣であると同時に、普段、人生に生きる場合にも、できるだけ機会を逃さず、信念の強い人と付き合うようにしなきゃいけない。

信念の強いというのは強情っ張りのこっちゃないんだよ。

信念の強い者は、何事かあるときに、健康的なり運命的に、心が決してその事柄にいたぶられないでもって、牢固《ろうこ》として抜くべからざる大盤石の状態になっているから。そういう人を。

一番手っ取り早いのは、この修練会の人間の中で、ああ、この人は信念人らしいと思う人を、なるべく自分の仲の良い友だちにするとか、先輩として尊敬するのが一番いいな。

そして夜の寝際の鏡の暗示と同時に、観念要素の更改の刹那も、常に自分が信念人であることを意識するようにしなきゃいけない。

油断をすると、さなきだにマスコミの時代だ、せっかく築き上げた自分の心の尊いものを汚されるおそれなきにあらずだよ。

人生の出来事というものは、決して遠慮会釈《えんりょえしゃく》なく、この人にこういう加減をしようとしないから。

自分の心の中に少しでも、何かこう疑うような気持ちが出てきたら、「ああ、これだな。いけねぇんだ。今まではこうすることが科学理智を持っている人間の当然の行為だと思ったが、これはとんでもないこった」と、こういうふうに思わなきゃ駄目だ。

ましていわんや、千古《せんこ》、不滅不変の真理に対して、多少なりとも疑いの心を持つ場合、その人は全然自分というものを真理以外の世界で生かそうとする、無謀な企てを無謀でないと勘違いしている人なんだ。

誰もが成功できる。誰もが優れた偉さを発揮できる

現在ただ今聞いていることが、あなた方の本当の魂のものにするかしないかが、今日から以後の諸君の人生を、良くも悪くもする分岐点になるぞ。

特に少年や青年は、これからの日本を背負って立たなきゃならない大事な人だ。

ボンクラばかりがいくら多くても、それはさながら烏合《うごう》の集まり。優れた人間になれる素質を持っていることを知らされた以上は、「俺は駄目だ」という考え方くらい一番いけない考え方はないんだぞ。

少年や青年、よく聞け。天風会員には、小学校や中学校時代から会員になってから、博士になった者が今年、もう既に関西と東京だけで五人いる。総計もう二〇〇人に近くなってる。ね。なれるに決まってるんだもん。

なれないのは遠慮してるか、バカか、さもなきゃ、まあ、遠慮するものはなかろうけれども、信念が大事だということを知らない人間なんだ。

誰でもが一角《ひとかど》の人間になれる。

誰でもが成功できる。

誰でもが優れた偉さを発揮することができるようにできてる。

そのぐらいのことはもちろん、たとえ朧気《おぼろげ》ながらも心の中にありゃこそ、ものを習ったり稽古する気になってるんだろう。

頭から自分は何もできないと思ったら、何も習う気にならなきゃ、稽古する気にもならないだろう。

私がね、軍事探偵している時分に、暇な時間が多かったんで、あの有名な李鴻章（中国清代の政治家）の甥に当たる、李コウコウという、有名な学者で書家の人が、ちょうど奉天《ほうてん》にいたんで、この人に、せめて字でも教わろうと思って行ったんだ。

そしたら、よしよしと手本を書いてくれた。

それからもう、暇に任せて一生懸命習って、そして我ながら、先生のお手本にそっくりなような字が書けるようになって、ある日先生のところに持っていった。

そしたら「これなんだ」と言うから、

「一生懸命お手本見て書いたんです」

「これ、おまえが書いたのか」

「はあ、そうであります」

「これ、おまえの字じゃないな」

「ええ、先生のお手本を一生懸命真似したんです」

「ああ、そうか。俺の手本のような字が書きたかったら、何も手本を目の前において書くよりも、手本の上からなぞれ。そのほうがいいわ。俺はそんな教え方してなかったつもりだ」

「どんな字を書けばいいんですか」

「貴様の個性で書け、個性で。おまえというものはちっともここに出てやしねえじゃねえか。上手に書こう似せて書こう、同じような格好で書こうとするから駄目なんだ。この中におまえの血が入ってない、魂が入ってない」

「それじゃ先生、あれですか、上手になろうと思って稽古しちゃ駄目なんですか」

「駄目だ、そんなこっちゃ。上手になろうと思って書けなんていうのは、世の中のボンクラの先生の言うこった」

「あれあれ。それじゃ私はどんな気持ちで書けばいいんです」

「上手になれると思って書け。なれるに決まってるんだから。もっと賢い考え方は、きっと俺が上手になるんだという考え方で書いてみろ。そうすりゃおまえというものの、本当のうまさというものが筆の先に出てくるわ。上手に書こう、真似て書こう。それは要するに偽物をつくろう、詐欺をつくろうというのと同じじゃねえか」

と言われて、ぎゃふんとまいっちゃったよ。

「おのおの、その持ち分というものがある。その持ち分を本当に発揮したところに、本当のおまえの値打ちがあるんだ」

と言われて、ハッと気がついたよ。

それでそのとき、ひと言ちょっとこういうことを言われました。

「だがしかし、真似するなら、俺より上手になれ」と言った。

この言葉には非常に意味深長なものがある。

真似するなら俺より上手になれというのは、「模倣も真の極致に達すれば、真実よりも真実なり」という言葉があるだろう。

これはトルストイが言った言葉だね。「模倣も真の極致に達すれば、真実よりも真実なり」

と。面白い言葉じゃないか。

本物よりもまだ本物になったら、本物が偽物になって、真似したものが本物になるぞという意味なんだ。

私はそれをね、なんとなくこう、なるほどなと思った事柄、事柄が違うけども、こういうことがあった。

十五代目の市村羽左衛門《うざえもん》。有名なそれ、フランス人の子どもでもって、橘屋《たちばなや》になった羽左衛門ね。

幸四郎の弁慶にこの人の富樫《とがし》は有名だったが、あの人を連れて柳橋へ一遍、お料理屋へ行った。ちょうどそこへ、声色語りが隅田川を船で流してきたんだね。

そのときに、座にはんべてた芸者が、橘屋がそこに来てるのにもかかわらず、「橘屋の玄冶《げんや》店《だな》」と言ったところが、早速下でもって声色の真似をした。

そしたら羽左衛門がそれを聞いててね、「ありゃりゃ、こりゃ俺よりうめえや」と言った。本人の真似をしている偽物を聞いて、本人が「俺よりうめえや。これは明日からの舞台、この真似しよう」とそう言ったんだ。

そのとき、なんとなく私はね、模倣も真の極致に達すれば、真実よりも真実なりと言った言葉をひょいと感じたんや。

だから、誰かの真似をしたかったら、俺はあの真似している人間よりも偉くなるんだと。もっと言えば、優れたものになるんだ、ということの信念があればいいわけだ。

そうすりゃ、やがてそこに、自己の独自の個性が出てくる。

だから、特に少年や青年は、今後自己の人生に生きる場合の自分の心の中に、少しでも信念を緩めちゃならん。

もちろんこの言葉は、少年青年ばかりでなく、人生に人として生きる者の、造次《ぞうじ》にも顚沛《てんぱい》にも（わずかな時間も、とっさの場合でも）ゆめおろそかにすることのできない心得だぞ。

たった今聞いた言葉が、あなた方のこんにち以後を、本当に尊いものにするか、価値の高いものにするかしないかの、分岐点だ。

今後以後、十年たっても二十年たっても、十年一日《いちじつ》、旧阿蒙《きゅうあもう》（もとのとおりの無学者。昔のままの幼稚な状態）のごとく、進歩せざる自己を見出したらば、ああ、あのときの言葉を心《しん》から聞いてなかったんだという証拠になるぞ。

現在、ただ今言ったことを、本当の心に入れれば、見てろ、もう明日から、いや、たった今から、もう現在ただ今から、全然諸君は違ってくるわ。

一個の肉体の存在から考えるてえと、それはもう動物と五十歩百歩。変わらざることおびただしいところがあるかもしれないけれども、崇高なる心の価値を静かに考えてみると、まこと人間こそは、宗教的に言う神仏と称せられる宇宙の造物主のほうに近より能う、価値の高い資格を与えられてあるということを、すぐ感じないわけにはいかないだろう。

だから偉くなるんだ、偉くなろうと思っちゃいけないよ。

偉くなれるに決まってるんだから。

偉くなれるに決まってる人間を偉くしないような努力を、今までしてたことの過《あやま》ちを、ただキャンセルすりゃいいだけなんだ。

さっ、心込めて返事しろ。わかったか。

一同　はい！

「信念の誦句」

さあ、誦句を与える。


「信念の誦句」

信念　それは人生を動かす羅針盤の如き尊いものである。従って　信念なき人生は、丁度《ちようど》長途の航海の出来ないボロ船の様なものである。かるが故に私は真理に対してはいつも純真な気持で信じよう。否　信ずることに努力しよう。

もしも疑うて居る様な心もちが少しでもあるならば、それは私の人生を汚《けが》そうとする悪魔が、魔の手を延ばして　私の人生の土台石を盗もうとして居るのだと、気をつけよう。

ついておいで。

信念の誦句

一同　信念の誦句

信念

一同　信念

それは人生を動かす羅針盤の如き尊いものである。

一同　それは人生を動かす羅針盤の如き尊いものである。

従って　信念なき人生は、

一同　従って　信念なき人生は、

丁度長途の航海の出来ない

一同　丁度長途の航海の出来ない

ボロ船の様なものである。

一同　ボロ船の様なものである。

かるが故に　私は真理に対しては

一同　かるが故に　私は真理に対しては

いつも純真な気持で信じよう。

一同　いつも純真な気持で信じよう。
否　信ずることに努力しよう。
一同　否　信ずることに努力しよう。
もしも疑うて居る様な心もちが
一同　もしも疑うて居る様な心もちが
少しでもあるならば、
一同　少しでもあるならば、
それは私の人生を汚そうとする悪魔が、
一同　それは私の人生を汚そうとする悪魔が、
魔の手を延ばして　私の人生の
一同　魔の手を延ばして　私の人生の
土台石を盗もうとして居るのだと、気をつけよう。
一同　土台石を盗もうとして居るのだと、気をつけよう。

昭和四十三年（一九六八年）　京都

第十章

一切の苦しみをも〝たのしみ〟となす

坐右箴言

雑念妄念こそが人生の強敵だ

さあ、真理の瞑想に入ろう。

既に十回になんなんとする、悟りの尊さを味わうと、そして昨日は、信念のどれだけ大事なものかが、よーくわかったろうし、また信念なるものは、ただ信念と言ったところで、それからものを疑うまいとしても、それは駄目なんだと。

まず雑念妄念が心から本当に取れない限りは、信念は出てこないと。

その雑念妄念を取るのには、講習会で教わった三つの方法と、それから現在、あなた方がやってるこの安定《あんじょう》打坐法《だざほう》という方法で、結局、押す力に引く力の相互の力でもって、心の中がきれいにクリーニングされると。

そうすると、信念というものは霊魂に付随した、いわゆる真我《しんが》直属の心だから、あれは実在意識の中にある心じゃないんだよ。

信念という純真な心は霊感と同じことで、霊魂の中にある。

いわゆる霊魂という見えない気の中。

Among Lumière Obscure（アマング ルミエ オブスキュル）だよ。

ところがとかく人間というものは、霊魂なんて見たことがなきゃ触ったこともないもんだから、あるかないかわからないで生きてる人があるけども、こうやって生きてるのは霊魂があるからなんだ。

例えば、扇風機の回ってるのはね、扇風機が回ってるように見えても、実はあの扇風機を回転せしめるモーターにコイルが巻いてあるから。ね。

いくらモーターの形ができていても、コイルが巻いてなきゃ、少しも電流というものを受け入れないもの。

だから電気がなかったら駄目や。

人間にとってもそのとおり。

いくら五輪五体《ごりんごたい》、全く立派な体ができていても、霊魂という気が入ってなきゃ、人形と同じことじゃないか。

ものも言わず、動くこともできず。

その霊魂の気の中に、霊感とか、いわゆるinspirationとか、あるいはね、信念、convictionというものが入ってるんだよ。

だからただ、信念を持てとか、信念を出せとかと言ったって、そうね、戸棚の中のものを、はいって言って出すようなわけにはいかないんだよ。

信念を出したかったら、雑念妄念が取れなきゃ駄目だよ。

雑念と妄念のある限りは、信念は出やしねえもん。

雑念妄念を取るのには、講習会で教わった「観念要素の更改」、「積極観念の養成」、それから

「神経反射の調節」。そのうえにね、現在あなた方がやってる「安定打坐」をやると同時に、昼間の心掛けが必要だということは、もう講習会聞いた人は知ってるね。

能《あた》う限り明るく朗らかに活き活きとして生きろと。

そして絶対に心の中に、価値のない卑しい不平不満を持っちゃいかんぞと。

常に心の中に持ってるのは、現在感謝だと。

何が何しても現在感謝っていう心をおろそかにしちゃいかんぞと。

ちょいと考えるてえと、感謝もできないようなことに対しても、自分の人生にできあがったことはすべて感謝しろと。

どんなことでも人生に起こったらば、それは感謝だ。

これを忘れちゃ駄目だぜ。

それをとかくその、いいことだけは感謝し、嬉しいことだけを喜ぶ傾向があるけれども、よく考えてみろ。

例えば病が起こる、あるいは不運が突如として自分を襲ってきたような場合、感謝ができるかという考え方を持つからいけないんだ。

何か自分の人生生活の中に、言ったことか行ったことに誤りがあるから、この結果が来たんだなと、深く反省しなきゃ駄目だよ。

reflection（内省）というものを、自分自身の、よろしいか、生命の内面に向かって振り向けなきゃ駄目だよ。

現代の人間はね、自分は非常な善人のように思ってるもん。「俺は何もしやしねえ。俺じゃないよ、それは。俺の知ったこっちゃねえや。それは俺がしたんじゃねえや」

こういうふうにすぐ、自分をまず潔白な者だという証明を先にしたいという気持ちがある。本当にできてる人は、どんなことに対しても責任をまず自分が負うわ。それを、できてない代わりに、いつも自分が善人になろうとするからいけないんだ。

どういたしまして、よく考えてごらん。「つとめても、なおつとめてもつとめても、つとめ足らぬはつとめなりけり」でもって、随分修行してるつもりでも、心の中に垢は、汚れは絶えず我らを襲ってるんだからね。油断も隙もできやしねえ。

だから自分には信念が出てる、雑念妄念がないと思っても、ポーッといつか雑念妄念の雲が自分の心に覆い被さってくるよ。

私でも、ということは少し言い過ぎかもしれないけど、五十年もこういう仕事をしてる私でもだ、フーッとときに考えるてえと、あっ、雑念の虜《とりこ》になってる、妄念の犠牲になってると思うことがあるんだもん。

だから言い過ぎかもしれないけど、私でもそうなんだから、無論、あなた方もそうだという言葉は、軽率な断言じゃないと思う。

だから本当に注意に注意深く、自分の人生というものに対して自分がしょっちゅう慎ましやかな監督を怠っちゃいけない。

人生に対する考え方を「天風式」に変えてしまう

そこで今日はね、心身統一という第一義的な人生へのこの生き方は、もっとも人生生活に重要なことだけは知ってるんだろうけれども、その中でもどういうことが一番先に、しょっちゅう考えられなきゃならないかということを悟ることにしよう。

それは、どんな場合にも人生の一切に対して、今言った言葉のとおり、自分の心に幸福を感じせしめる努力をすることなんだ。

例えば、病があろうがなかろうが、運命が良かろうが悪かろうが、その他、人生の事情の一切いかなるものにかかわらず、どんなものでも、どんな事柄でも、いつもその一切に対してね、ああ、嫌だなと思う気持ちを持たないように。

ああ、今までは嫌だと思ったことも、これも結局、自分を鍛え直すための造物主のお恵みかというふうに、幸福を感じながら生きるんだよ。

もっともっとより良く生かそうがための試みかというふうに。

人間というものは、心一つの置き所。

そういう場合にそういう気持ちになるかならないかで、結果にどんな大きな隔たりが来るかわからないよ。

じゃあ、どんな場合にも幸福を感じ得られるような努力をする生き方とはどういう生き方か。先決的に言うと、ねえ、何をおいても、人生に対する考え方を天風式に変えちまうんだよ。

今までのような考え方をしないんだよ。

天風式に変えろというのは、私はしょっちゅう言ってるだろう。どんな場合があろうとも、ああ、生きてることがありがたいと思えと。

だからね、もしもあなた方の仲間に、自分の現在住んでる世界や環境をいとわしいとかいやらしいとか思って、その人生に生きてる人があるならば、天風会員にはないと思うけど、あるならばだ、万が万一。いいかい、その人は自分の人生を自分で汚してる人だと言っていいんだよ。

それに引き替えて、現在の自分の住む世界や環境や境遇をだ、たとえ他人から見て、そうたいした値打ちのあるように見えないものでも、その本人が心の底から現在の人生に満足して、感謝して生きていたとしたらば、その人は本当に、よろしいか、幸福を人生に感ずる努力をしてる人なんだから、幸福だよ。

英国の言葉でこういうのがあるね。

Pretend as you are happy when you feel blue という言葉がある。

これは非常に難しい粋な言葉だけども、とにかく、「失望したような場合には、あら、幸福だと、こう思えよ」と、こういう言葉なの。

いい言葉だろ。Pretend as you are happy when you feel blue なんだから。

「おまえが面白くねえなあと思ったときには、幸福だなと思え」って。

Pretend って言うんだから、幸福でなくても幸福のような振りをしろってことだね。模倣しろってことだから。

これは本当なんですよ。

人間の心の状態が造物主の心と、ねえ、close relation 持ってんだろ、密接な関係を。だから、どうしてもそれは思ったとおりの人生が、早晩出てくるからだよ。

だからこういう真理の上から結論すると、人生の幸福というものは、あの「青い鳥」の作者のメーテルリンクが言ったとおり、その人の人生に対する考え方というものと、切り替えのできない関係を持ってるんだよ。

close relation だね。

だから、なんに対しても不平なり不満があり、ちっとやそっとのことじゃ幸福を感じないような罰当たりな気持ちを持ってると、それこそ一生、しみじみ、いつまでたっても、ああ、幸せだなあと思うようなときは来やしねえ。

だって来るはずがないもん。

来ようとする幸福を自分のほうでお断りしてることになるんだから。ね。

自分の人生を生きてるときに、自分が、そりゃまあ、世界一の力がある人間ならともかくも、そうでもない人間が、それはもう、自分で思ってもいないような嫌なことだって起こってくるよ。

そのたんびに不平言ってたんなら、心安まる暇ありゃしねえ。

「面白き　こともなき世を　面白く　すみなすものは心なりけり」

面白くねえ、面白くねえって言ってたら、何も面白かないよ。

けど、面白くない事柄の中にも面白みがあると探し出すような努力をしていけば、また面白みも探し出されるということだよ。

もう、何遍となくこの同じ意味のこと聞いてるね。

自分自身の心の態度が、その人の人生をつくるんだという、犯すべからざる、この宇宙に、絶対真理があるんだと。

これは absolute truth of the universe（大宇宙の絶対的な真理）ですよ。

そしてその人間の思い方が、考え方が、深刻であればあるほど、ねえ、その事実を自分に引きつけてくるのにふさわしい状態が、要するにムードが出てくるわけだよ。

しかしただ思ってたり、考えてるばかりじゃいけないんだよ。

思って考えて、努力しなきゃ駄目なんだよ。

思わず考えず努力するのも、それから思って考えて努力しないのも、けっこう同じことになっちゃう。なんにもなんない。

思って考えて努力しなきゃいけないんだよ。

俺も随分思ってる、俺も随分考えてるけど、いっこうにいい運が来ない。それじゃあ、おかしい、阿呆が、ねえ、渡し船待ってるような顔して立ってたんじゃ。

努力しなきゃ。effort（努力）というものは常に付きものだもん、その考え方に。

ところが、世の中の多くの人を見てみる。

何にもしないでもって、ああ、金が儲かりたい、ああ、幸運になりたい、ああ、もっと丈夫になりたい、ねえ、いっこうになれる気遣いないよ。

さなきだに、心の中がもっともっと汚く、環境を呪い、運命を悲しむというようなことばっかりをしている人。

これはまるで自分の生きる世界を、自分で地獄にしてるようなもんだろう。幸福どころか、もう、自分で不幸福を製造してるんだもん。

これはこういう簡単なこと考えりゃ、すぐわかるよ。

同じ時代にね、同じ家庭に住んでても、夫は幸福で細君が不幸で、兄さんは反対に幸せに生きているけども、妹は不幸福に生きてるなんてね。

一方の人は非常に幸福に生きてて、一方の人は不幸福に生きてるというのは、結局要するに、どういう一体都合かというのを考えてごらんよ。

同じ家にいて、同じ屋の棟にいて、同じ境遇に生きながら、他の一方が非常に幸福に生きていて、他の一方が不幸福に生きているというのは、どういうわけだっていうと、つまり心の持ち方と努力のアンバランスだよ。

だから深く理屈を研究しなくても、こういう事実で静かに自分自身が、よろしいか、人生というものに対する考え方を変えてかなきゃ駄目ですよ。

そのために雑念妄念を払って、安定打坐してるんだもん。

つまり人生を考える考え方や思い方をだよ、始終、幸福のほうへ置き換えるんだよ。

そうするのにはもう、今朝《けさ》の「甦えりの誦句」にあったとおり、「欣《よろこ》びと感謝に満たされて進み行かん」。一切を感謝の気分に、ねえ、振り替えて生きるように心掛けてごらんよ。

それが自然と自分というものと、目に見えない造物主である宇宙霊とを、結びつける結果が来る。

形容して言えば、人の生命の個性を輝かす火花を華々しくしてることになる。

だからそういうのを積極的な生き方って言うんだよ。

ただ、気張って、頑張って、ちくしょう、負けねえぞっていうのが、これが積極的じゃないんだぜ。

積極的と一口に言ってもだよ、このポジティブという心の態度には、非常にこの深さも広さもあるんだよ。

それを、まあね、わかりきったことであるんだけども、わかってないんだよ。いくらわかりきったことでも、わからなきゃわからないことになるからね。

ところが、世の中の概ねの人を見てごらん。

全世界の人間のほとんどが、もう毎日明けても暮れてもね、欲の皮ばかり突っ張らしやがってからに、努力はしないで、そうしてもう何事に対しても不平と不満。幸福の方面なんてものは容易に考えやしない。

だから幸福が目の前に来ていても、そんなもの相手にしないで、自分の目の玉が心の不幸福のほうばっかりを向いてるんだもん。

だからどうしたってね、知らない間に自分のほうから造物主の尊い力から遠ざかることになってる。

ばかばかしい話だね、考えてみりゃね。

「世界一の幸福者」と言われて

まあ、私なんかも罰当たりで、いつかも私があなた方に言うたとおりね、インドに行きたてだよ。朝、おはようございますって言ったところがね、「おお、世界一の幸福な男」って言うんだよ。

Hello. How are you? happiest in the world.

腹が立ったなあ、私は。

本当にもう、明日をも知れない重病にかかってりゃこそ、こんなもう、本当にもう、遠い遠い国に来ちゃって、一人でもって難行苦行してんのに、おまえは世界一の幸福もんだなんて、何をぬかしやがんだ、ちくしょうめ、冷やかすにもほどがあらあと思って。

そう言ってやった、Why you are kidding on me? って。すると kidding（からかい・冗談）じゃないって言うんだよ。

本当のこと言ってるんだよ。おまえは本当に幸福じゃねえかって言うから、何が幸福だよって言ったんだよ。

そうしたらね、病を感じ、辛さを感じるのは生きてるからだろって。

死なずに。

その生きてることをありがたく、なぜ思わない？

それとも死んじゃって感じないほうが幸福か？

って言われたときには、ハッと思ったな、私は。

なんと俺も愚かなりきと思ったな。

つまりそれまでってものはね、ああ苦しい、ああ辛い、そればっかり考えてて、その辛さを感じ、苦しさを感じながらも、生きてるからだって感謝はないんだよ。

こういうのをいわゆる罰当たりって言うんだろうねえ。

これは、まあ、あえて健康上の問題ばかりじゃない。あなた方が食べ物に対しても、着るものに対しても、あの昭和十九年から二十年の考え方、考えてみろ。

白米さえ容易に手に入らなかった時代を。

あの時分には米の飯が手に入りゃ、ああ、銀飯、銀飯ってみんな喜んだじゃねえか。

着物だってそうだよ。着る着物がなかっただけに、一枚でも着物があったら、ああ、嬉しいと思っただろ。

それを、もう何枚も着物を捨てて、この柄は気に入らない、これも嫌だ、あれも嫌だって、ぜいたく極まりない。

よく自分が嫌だって捨てねえな。

鏡見ながら、ああ嫌だ、この鼻。ああ嫌だ、この目、とは言わないわね。

だから、よく考えてみると、今の人間の多くはね、知恵ばかりが盛んにね、その知恵も要するにその皮相的な知恵ばかり。

深さの浅い知恵だけを持ってるだけでもって、しょっちゅう人生を考える考え方がね、unawareness（無自覚）なんだ。

無自覚千万なんだよ。

まったくねえ、天風会に入ったおかげだよ。この貴重な人生を生きる生き方を教わっただけでも、天風会に来た甲斐があろうというもんだろう？

こういう教えを聞かなければ、だんだんだんだん子どもが大人になって、また学生が社会に出ても、また社会人が人生を生きるときでもだ、人生にあるさまざまなことにとかく躓《つまず》きがち。躓いてよろけて転げちまうじゃあ、もうそれでおしまいじゃねえか。

そうして頼まれもしないのに、しょっちゅう人生の苦しい方面ね、辛い方面だけを、本当は引き受けたかないんだろうけど、引き受けることになっちゃって。

なりますよ。自分自身に引きずり込むようなことやってるんだもん。

考えてごらん、そうなった人生がどんなに浅ましくて惨めか。

これまでも言ってるとおり、その理由はきわめて簡単じゃねえか。

造物主の力と人間の心の中の潜在意識の結合を、自分が知らずに妨げちゃってるからじゃねえか。

妨げたら、電気のスイッチ切ったのと同じになるじゃねえか。

そんな、ねえ、何千馬力もあるようなモーターだって、ちょっとさ、スイッチをプッと切っちまえば、それでおしまいだよ。

くどいようだけども、忘れんなよ、自分の人生に対する思い方考え方でもって、いいかい、その人は良くも悪くもなっちまうんだから。いわんやまして、理想や想像が、ねえ、価値がなかったらどうなるかくらいのことは、すぐ判断がつくだろう。

この実際消息は犯すべくもないんだから、もっと厳粛に考えなければ駄目だよ。

それで何事にもできるだけ平素、幸福のほうから人生を考えるようにするんだよ。

「いや、そうですよ、先生、私そう考える努力をしてるんだけど、いっこうに幸福になりません」

って、こういうやつがあるんだよ。

幸福のとき、幸福を考えろってんじゃないんだよ。

どんな不幸をも幸福のほうにチェンジして考えるんだよ。置き換えて。

ちょいと考えるっていうとね、変わり者のように感じるかもしれないよ。

「冗談じゃねえや、先生に言わせるとよ、病をしても幸福で考えろ。いやらしい運命が来ても幸福で考えろって言うんでしょう」

って言うから、そうよ。

「そんな、なあ、チョボイチ（でたらめ）な話があるもんかよ。考えられませんよ」

って言う人は、結局、「観念要素の更改」なり、「積極観念の養成」なり、あるいは「神経反射の調節」を完全にしない人で、同時に折あるごとに時あるごとにこうやってからに、心をきれいにクリーニングする打坐密法を行わない人だよ。

もう聞いてるだろ。安定打坐はなにも目をつぶって手を膝の上に組んでからやらなきゃならないもんじゃない。これはただ、こうした行をするときの方便でやってるので、安定打坐は日日ね、目を開いて活動してる刹那刹那にも、心が一点の塵《ちり》なく清く澄み渡って、静かな騒がない心であれば、それが安定打坐なんだ。

だからそれを曲亭馬琴という俳諧師は、十七文字でうまく決めてるね。

「湯上がりの気持ちを欲しや常日頃」

湯上がりの気持ちを欲しやって、これはね、一点塵埃のない、汚れのないね、穢《けが》れのない清い、静かな澄み渡った心を言うんで、だけど今の世の中の人は湯上がりもなおせかせかせかせかしてるから駄目かもしれないけど。

昔の人は夏の暑い日ね、一風呂浴びて、縁側でもって、風鈴の音でも聞きながら、のんびりとしたときの気持ちを味わったんでしょうな。

「湯上がりの気持ちを欲しや常日頃」

なんだかこう、わかるような気持ちがしない？

それからまた同じような意味で、

「もの持たぬ袂《たもと》は軽し夕涼み」

っていうのがあるね。

何にも持たないで表にフーッと出ていけば、袂は軽いわい。

つまり心の中に何も持たずにいてみろ。

夕涼みに袂に何も入れないで行ったのと同じような、気楽な気分だって。

それが悠然として道を楽しむということになるんだ。

それからもっと直接な言葉に、

「気に入らぬ風もあろうに柳かな」

っていうのがあるね。

柳ってやつはどんな嫌な風でも、決して風に逆らわずに動いてるじゃないか。

だから、明日とも言わずたった今から、できるだけ幸福の方面から人生を考えるようにしてごらん。

「考えたいんだけど、考えられねえなあ」なんてことを言ってる人は、結局ただそれだけのことでもって決定しようとしてるからだぜ。

アメリカ一番の金持ちでも金の心配をして苦労している

講習会で聞いた方法をやり、現在やってる安定打坐をやり、ね、そしてしょっちゅう自分をね、暗示の誦句で導いていかなきゃ。

あの暗示の誦句というのは、自己を改造する、よろしいか、important sermon（重要な説教）なんだ。

最も価値のある、あれは経典なんだ。ダイジェストなんだ。

そうすると、だんだんだんだん、あら不思議だと思うくらい、自分の心が感謝一念で生きられるようになる。

それはもう、本当にありがたいもんですよ。

私なんかね、もうぜんぜん、それはもう、悪魔の化け物じゃなかろうかと思うような気持ちを持ってた私が、今こういう尊いことを毎日毎日あなた方と一緒に、ねえ、努めに努めて、清く尊く生きていかれるじゃないの。

まあ、その昔の自分を考えてみると、闇の世界に自分から飛び込んでたんだ。

人生はすべからく光明あらしめようよ。

それも自分の心の持ち方ひとつよ。

積極的な心を持ってりゃ、光がひらめき出す。

そうすれば人生の闇は消えちまう。

だからさ、理屈つけずに、なんでも、ああ、ありがたいと感謝しなきゃ。

口に出しなさいよ。

私なんか、ときによると肩が痛いとかね、手首が痛いとか、頭が痛けりゃ、ああ、ありがたいって、こう言うんだ。

修養の怠りをお咎《とが》めを受けたから、ありがたいって。

そういう気持ちになれたんだなあ。

昔は、どういたしまして、もう、目の覚めないうちから愚痴を言ったり未練を言ったりね、不平を言ったり不満を言ったり。よくまあ飽きずにあんなこと言ってたと思うくらい、変な愛想の尽きるようなことを、愛想が尽きないからやってたんですけど、バカだからねえ。

知ってたんだよ、その当時も。喜びの世界にはどんな場合があろうとも悲哀はないってことを。

歓喜の世界に悲哀はないってことも知ってたし、感謝の世界に不満がないってことも知ってた。

にこやかな世界に腹立ちはないってことも知ってた。

知ってながら、駄目なんだよ。

ああ、そうなれるものならなりたいなと思うこともあったことはある。

これくらいのこと我慢できるだろうと言われても、これは他人のことじゃない俺のこと、我慢できるかって、こう理屈つけてね。

なに、後から考えれば我慢ができたことなんだけど、そのときは我慢ができないように思っちまうんだねえ。

だから幸福という花嫁が喜んで自己の人生の殿堂へ来よう来ようとしてるのを、自分のほうでもってお断りしてるのと同じなんだよ。

ですからね、今も言ったとおり、よしんば現在、病があろうが、不運があろうが、煩悶があろうがよ、苦労があろうが、それは人生だもん、それがなかったら人生じゃねえもん。

それは世界一の金持ちになったって、苦労もあれば煩悶もあるんだぜ。

昭和二十二年の十月だった。アメリカ随一のロックフェラー（三世）って金持ちがね、私の講演を聞きに来た。

そのとき、あなた何か心に不足はありますかって尋ねたら、毎日が不足だらけだと、そう言ったよ。

五百いくつ持ってる会社がね、一体全体、私の思うとおりやってるかやってないかと思うてえと、いてもたってもいられないとか。金があるばっかりに金のことを心配して。

気の毒だって同情する以上の煩悶を持ってたらしい。

だから苦労のない人生なんてありゃしないよ。

煩悶のない人生あるもんか。

そういう人生ってものはね、人生じゃないんだよ。

人生の一巻を終わった後にあるんだよ。

墓場になっちまえば、苦労もなきゃ煩悶もないんだけども。

そうかと言って、急いで墓場になるなんて、ねえ、なにもあたらないだろう？

ああそうかい、じゃあ天風さん、今日から墓場になります、って、なるかい？

せっかく生まれたんだから、もう少し生きなさいよ、我慢して。

そしてとにかく天風の言うこと聞いててごらん。まあ、生まれて良かった、生きてて良かったって、ありがたさを感じるようになれるぜ。

随時随所、自分が自分の生命の本当の主人になる

そこでね、もう少しわかるように話すがね、今言ったような気持ちになりたかったら、よろしいか、苦労とか煩悶とか病とか不運には、真剣に関わり合いなさんな。

それは我が身のことだから忘れることはできないだろうから、忘れろとは言わないから、真剣に関わり合わないことなんだよ。

これはもう、他人のこととは違って自分のことだっていうてえとね、食い物も食わねえでもって一生懸命、塞《ふさ》ぎ込んじまったりなんかする人があるだろ。

つまんねえことはよせよ、そんなこと真剣に関わり合うなんてことは。

悪魔とキッスしてるようなもんじゃねえか。

「そんなこと先生言ったって無理だよ、関わり合うなって言ったって、我が身に降りかかる火の粉。関わり合いたかないけども、関わり合わざるを得ないような気持ちになりますよ」

って言う人は、まだよくわかってない人だよ。

なるほどね、皮相的に考えればそう考えられるけども、関わり合わないようにする秘訣があるんだよ。

それじゃ一体、どうするんだっていうとね、宇宙霊の心に近寄りなさいよ。

「え？　宇宙霊の心？　宇宙霊の心、見たことねえ」

それは誰も見たことないけども、この世の中の一切の状態を見てみると、宇宙霊の心の中の、要するに知恵の働きがこの宇宙をつくってるってことがわかるだろう。

ひとりでにできたっていう自然が、既にそれが宇宙霊の心の働きだもん。

それが本当の real wisdom（真の叡智）。

その宇宙霊の心というものは、三つしかない。

「真《しん》・善《ぜん》・美《び》」。

憎む心もね、悶える心も、焼きもちを焼く心も、いいかい、つまらねえ欲を出す心もありゃしねえ、宇宙霊は。

公平なんだ。

真・善・美。

だから常に自分の心の中に、真なることか善なることか美なることだけを思わせるようにしてごらん。

難しいようだろうけど、難しくないぜ。

真とは誠を思えばいい、善とは偏頗《へんぱ》なき愛情を思えばいい。美とは調和を失わないようにすればいいんだ。

すると、自然と心はね、積極的に活動し始めるんだ。それは不思議なんだよ。そうなるようにできてるんだもん。

natural tendencyといってね、自然傾向なんだよ。

自動的に、オートマティックになるんだよ。

そうするとね、あらゆるすべての一切の問題は、健康的な問題でも、いいかい、運命的な問題でも、とにかくそういう気持ちになると、自分がもう既に運命以上の力が働く人間になってるから、ほら、一切の問題は、氷が熱に合ったと同じように溶けちまう。

真剣に考えろ。

諸君がこの真理の上に正しく自覚して生きると、それはちょうど、トンネルの中から光の燦然《さんぜん》として輝いている明るい海岸に飛び出したと同じような、変わり方来るぜ。

そして病や不運なんてものは、煙が風に吹き消されるようになくなっちまうわ。

だいたいそういうものは、人生に本当から言っちゃ、あっちゃいけないもんで、あり得べからざるものなんだ。

existless（存在しない）のものなんだよ。

だからさ、あっちゃいけないもの、あり得べからざるものであって、もともとないものなのを、自分が無理に引き寄せたんだから、それは心が積極的になりゃ消えちまうのは当たり前じゃないか。それは不思議でも摩訶《まか》でもないがな。

これ考えてごらん。

この宇宙に実在するものは、よーく考えろ。

宇宙霊ひとつだ。

「あれ？　いろんなものがありますよ」って、あるのは存在だ。

存在と実在とは違うぜ。

存在というのはね、時が来ればその形が変わっちまうのが存在。

それから実在というのは、永久になくならないのが実在。

だからね、今日からの人生に生きる考え方を、こういうふうにしよう。

どんな場合でも、いいか、感謝を旨として生きるというふうにすれば、随時随所に自分が自分の人生を立派にコントロールする主人となれる。

自分の人生の主人となるというのは、人にも物にもとらわれず、煩《わずら》わせられないで、いいかい、自分の人生を自分がはっきりと支配し、監督してることなんだよ。

自分じゃ自分を支配、監督してるつもりでも、煩悶だとか病だとか不平だとか不満があって、その事柄に心が引きずられてりゃ、自分は自分の生命の本当の主人になってないじゃないか。

要するに自分を正しく生かすのが、どんな場合があろうとも随時随所、自分が自分の生命の主となる、マスターとなるという必要なの。

これを自我の確立と言うんだよ。

言い換えると、人間生活の一番のこれはシークレットなんだよ。

ところがこの心構えが不十分だと、あるいは利欲に迷い、あるいは名聞《みようもん》にとらわれ、その他の欲望にとらわれて、自我の尊さがなくなる。

つまり酒飲みが酒にとらわれ、釣り道楽が釣りに釣られ、ゴルファーがゴルフに迷わされ、パチンコ好きがパチンコばっかりやってるというふうに。ねえ。

それからさらに神経家が病の奴隷になるというようなふうに。

そういうのは自分が自分の生命の主人になってるんじゃなくして、物が主人になって、自分がそれに従ってることになるだろう。

「人主物従」でなく「物主人従」になるわ。

だからさっきも言ったとおり、自分の心にできるだけ真善美以外のことは、思っても長く関わり合いをつけないこと。

断然、思うなということは言えないから、人間だから。

なるべく真善美を考えることを余計にすれば、その生命が宇宙の本質に合流する。

考えてみろ。

同じものはどこまで行っても同じだからだよ。

そういう心になれば、宇宙霊の心と同じなんだもん。同じものはどこまで行っても同じなんだよ。

「坐右箴言《しんげん》」

さあ、今日のこの悟りの誦句を与える。


今日のはね、「坐右箴言」って言うんだ。

つまり座右銘という言葉だなあ。

坐右箴言っていうのは座右銘という言葉と同じなんだ。

ただ統一式に坐右箴言って言ってるんだが。


「坐右箴言」

私は最早《もはや》何事をも怖れまい。それはこの世界並びに人生には、いつも完全ということの以外に、不完全というもののないよう宇宙真理が出来て居るからである。

否　この真理を正しく信念して努力するならば、必ずや何事と雖《いえど》も成就《じょうじゅ》する。

だから今日からは如何なる事があっても、又如何なる事に対しても、かりにも消極的な否定的な言動を夢にも口にするまい　又行うまい。そしていつも積極的で肯定的の態度を崩さぬよう努力しよう。

同時に　常に心をして思考せしむる事は、人の強さと　真と　善と　美のみであるよう心がけ

よう。

たとえ身に病があっても、心まで病ますまい。たとえ運命に非なるものがあっても、心まで悩ますまい。否一切の苦しみをも　なおたのしみとなすの強さを心にもたせよう。

神と直接結ぶものは心である以上、その結び目は断然汚《け》がすまい事を、厳かに自分自身に約束しよう。

さあ、ついておいで。

坐右箴言

一同　坐右箴言

私は最早何事をも怖れまい。

一同　私は最早何事をも怖れまい。

こういうこと言うときでもね、信念強く言わなきゃ駄目だぜ。何事をも怖れまいって、カラスの物真似は駄目だぜ。もう一遍言おう。

私は最早何事をも怖れまい。

一同　私は最早何事をも怖れまい。
それはこの世界並びに人生には、
一同　それはこの世界並びに人生には、
いつも完全ということの以外に、
一同　いつも完全ということの以外に、
不完全というもののないよう
一同　不完全というもののないよう
宇宙真理が出来て居るからである。
一同　宇宙真理が出来て居るからである。

そうだろう、考えてみろ。ちょいと、ねえ、擦り傷しても、すぐそれを元のような体にしようという、自然はちゃんとこのように完全にできてるようにできてるから、別に何も手当を施さなくたって、五日六日たちゃ、ねえ、ちゃんと皮が上にできてくるじゃねえか。

否
一同　否
この真理を正しく信念して

一同　この真理を正しく信念して
努力するならば、必ずや何事と雖も成就する。
一同　努力するならば、必ずや何事と雖も成就する。
だから今日からは如何なる事があっても、
一同　だから今日からは如何なる事があっても、
又如何なる事に対しても、
一同　又如何なる事に対しても、
かりにも消極的な否定的な言動を
一同　かりにも消極的な否定的な言動を
夢にも口にするまい　又行うまい。
一同　夢にも口にするまい　又行うまい。
そしていつも積極的で
一同　そしていつも積極的で
肯定的の態度を崩さぬよう努力しよう。
一同　肯定的の態度を崩さぬよう努力しよう。
同時に　常に心をして思考せしむる事は、
一同　同時に　常に心をして思考せしむる事は、

人の強さと
一同　人の強さと
真と　善と　美のみであるよう心がけよう。
一同　真と　善と　美のみであるよう心がけよう。
たとえ身に病があっても、心まで病ますまい。
一同　たとえ身に病があっても、心まで病ますまい。
たとえ運命に非なるものがあっても、
一同　たとえ運命に非なるものがあっても、
心まで悩ますまい。
一同　心まで悩ますまい。
否
一同　否
一切の苦しみをも
一同　一切の苦しみをも
なおたのしみとなすの強さを心にもたせよう。
一同　なおたのしみとなすの強さを心にもたせよう。

そうだよ、苦しみを楽しみにするなんてのは、強い心だよ。

神と直接結ぶものは

一同　神と直接結ぶものは

心である以上、

一同　心である以上、

その結び目は

一同　その結び目は

断然汚がすまい事を、

一同　断然汚がすまい事を、

厳かに自分自身に約束しよう。

一同　厳かに自分自身に約束しよう。

昭和三十九年（一九六四年）　京都

第十一章

勇気の誦句

終始一貫、勇気勇気で押し切るのだ

恐怖という観念を切り捨てなければならない

真理の瞑想に入ろう。

さて今日は、人生何をおいても一番まず先決問題的に戒《いまし》めなきゃならない大事なことを悟ろう。

何だろう？

人生何をおいてもまず先決問題的に戒めなきゃならないことは、一言で言える。

人生何よりもまず戒めなきゃならないことは、恐怖ということだ、恐怖。

ものを怖れるということだ。

詳しく言えば、健康難はもちろん、運命その他、人事世事、一切の出来事に対して、ありとあらゆるすべての事柄だな、一切の出来事だから。オール・フォー・オールだ。

すべてのことに対していかなる場合においても、これを恐怖観念で考えたり、または応接しないようにするということが、人生何においても一番先決問題的に戒めなきゃならない。

なぜかという理由はきわめて簡単。

およそ恐怖観念というものくらい、価値のない結果を人生にもたらすものは他にないからであります。

なぜ恐怖観念が価値のない結果を人生にもたらすかというと、それは要するに因果律の法則で、どうしてもそういうふうになるように真理ができている。

だからベーコンという哲学者も、彼の教えの中に、

「人必ず恐るるものをついに我がものとなすべし」

と言っている。

つまんないものを自分のものにしちゃ駄目だぜ。

つまり、因果律の法則の必然的なものを、こうした言葉でもってエキスプレス（表現）している。

宇宙の大生命は我々人間の心で思ったり考えたりした事柄の中で特に、その場合のその観念が集中されて思考されたものを、もう即座に現実の形に表そうという自然傾向がある。ナチュラルテンデンシーだ。

そうして、この恐怖という観念が人間の心の中に発生すると、平素精神統一の下手な人でも、この恐ろしいなという一種の感情が発動したときには、その当人はもちろん気づいていないけれど、その恐怖の程度が深まりゃ深まるほど、その観念は確実に精神統一ができるんだ。

だから瞬間の恐怖でも、恐怖したことは一生忘れないという、思い出の中にはっきりした形で残るだろう。

それがほんの一瞬《ひとまばた》きの間にできた出来事でも。

そして明瞭にそれが意識できりゃできるほど、良きにつけ悪しきにつけ、宇宙の力を己の生命

の中に受け入れる鋳型《いがた》がパッと用意されたことになる。

だからそれ、「我の恐るるところのもの、ついに我に来たれり」ということになるわけだよ。

恐怖したことがやがて事実となって現実化してくることになるのも、むしろ当然だろう。

どうにもしょうがないもの、これ自然の作用なんだから。

だから、こういう犯すべからざる真理と事実とを考えるとき、本当に価値の高い意義ある人生に生きようにはだ、恐怖観念というものは自分の人生の観念のページの中からキャンセルしなきゃ。

それが人生に戒むべき何より必要な鉄則だもの。

立派な建築物をつくるのにまず必要な物は何ぞと言えば、完全な設計だね。

これと同様、立派な人生をつくろうにも、その人生設計の中から、恐怖という余計なものを取り除かないと全然駄目だぞ。

心に犬小屋みたいなちっぽけな設計を描いて、絢爛《けんらん》の美を誇る広壮《こうそう》な邸宅なんかできようはずないじゃないか。

蟹《かに》は甲羅に似せて穴を掘るというくらいだもの。

いわんや人間の心の中に生ずる感情というものは、それが何であろうと、いちいち吾人《ごじん》の肉体や人格に影響せずにはいないようにできている。

まして、今も聞いたとおり、恐怖とか悲しみとかというような、即座にどんな精神統一の下手な人でも精神が統一されるような感情情念は、それは実に恐ろしいほど現実的な影響力を持っているんだからね。

言い換えれば今も言ったとおり、疾《と》き遅きの相違はあれど、いつしかその観念の内容が人生に具体化してくる。

嘘でない現実の証拠は、世の中にある事柄ですぐうなずける。

試みにあなた方の周囲を見てごらん。

回復のはかばかしくない病人や、運命が思うようにいかないで毎日を悩んで暮らしている人たちは、いずれもみな、その心の中に思考する事柄が、もう言い合わせたように消極的ですよ。

そうして、その心の態度が非常に臆病で、何事をするときでもびくびくびくびく恐怖が先になってものを考えたり思ったりする。

そして、そうすることが何か大変思慮の深い思い方か考え方のように思っている。

だから、そういう人間には、「断《だん》じて行えば鬼神《きしん》もこれを避《さ》く」「陽気《ようき》発するところ金石《きんせき》また透《とお》る」なんていう立派な言葉なんていうものは、言葉としては知っているだろうけれども、実際消息なんていうのは全然味わったことがない、そういう人は。

本当の勇気は、虚心平気の大境涯

そこへ行くと、自慢じゃないけれど私のように、何遍か生死の関頭《かんとう》（瀬戸際）に立った経験のある人間は、その刹那刹那の心の持ち方が、もう断然救われない助からないと思うような場合でも、自然と勃勃《ぼつぼつ》たる恐怖なき心が血路をひらいてくれる。

それもこれも結局、たった今聞いたように、そのときの精神状態が、その人生のすべての事物の上に現実化しようとする自然作用があるからだな。

だから健康難や運命難に陥《おちい》ったときは、その反対を積極的に考えることが一番いいんだ。

そうでないと、不幸や不運を倍加して、なかなかそれを好転しないという、馬鹿げた結果を自分がつくっちまうことになるから。

神経過敏なんていうのはね、結局要するに、自分の気持ちの中に臆病という何のくその役にも立たないものを余計つぎ込んでいるがためなんだよ。

ところが、そこに原因があるとは知らないでもって、現在ただいまの神経過敏な人間が自分の心で自分を考えるときに、俺という者は何でこう弱いんだろうとかね、なかなかいい運命なんていうものはそう容易には来るもんじゃないとか、結局は俺は一生こうして苦しめられながら悩ませられながら、終わっちまうんじゃねえかしらなんて、そんな考え方を持っている人間はもう何事に対しても恐怖の観念が先になっちまう。

そうすると、もう期せずして約束したように、不健康や不運が最も苦い形ではっきりとその人生に表われてくるわ。

第一そういう人はね、仕事をする場合でも、自分のことばっかり本位にして仕事をしているから駄目なんだよ。

自分と一緒に仕事をしている者とともに力を合わせて、自分が仕事で少なくとも人の世のために役立つような結果をつくろうというふうな、光輝く高級的概念で仕事をすりゃ、第一、損なんかする気遣いないじゃないか。

商売というのは損するためにやっているんじゃないんだもの。

事業というものは、ねえ、自分が手ひどい目に遭うためにやっているんじゃねえんだ。

ところが、世の中の人を見てみると、自己本位のやつはどうしても、慌てふためいて高度成長のみを考える結果としてからに、内容の計画も企画もきわめてずさんなものがあるんだ。

そして心の中に勇気がなくてしょっちゅう恐怖ばっかり。

すべて暗い方面からばかり考えて、

「うまくいくかな？　儲けられりゃいいけれど、こうしたら儲かるかな、ああしたら儲かるかな」

全然写真撮るときのピントの合わせ方の違うようなやり方でもって人生を生きているんだから、いい事柄がその人生に現実に表現する気遣いのないという場合のほうが多い。

ここへ来ている諸君は、幸せという言葉よりももっともっと大きな恵まれ方をしているね。

ここで教わったような心がけでもって人生に生き出してごらんよ。

何をするんでも、学生が勉強をするときだって、事業家が事業するときだって、ちょいと絵描くんだって、ちょいと字書くんだって、心がそのすべてを完全なものにしてくれるもの。

初めから失敗することや、やり損なうことなんぞというのはその気持ちの中にないから、恐怖というようなものはほとんど影もない。

ともあれ、一事は万事、我らの人生に心がけるべきことは、何事に対しても自己の心の思考を恐怖から引き離して行うこと。

こう言うと、このとにかく世知辛《せちがら》い世の中に、そんな、自分だけいい気持ちになって無鉄砲な考え方で生きてからに、周囲の摩擦でもって自分はめちゃめちゃにされるだろうと思うような気持ちが既にいけないいんだよ。

何事に対しても自己の心を恐怖から引き離して思考せしめるようにする習慣をつけるのには、もうこの間のうちから飽きるほど聞いているだろう、自分が宇宙霊と一緒にいることを考えてごらん。

宇宙霊と人間、自分というものの関係を強く信念すればいいんじゃないか。

信念がなくなっちまうと人間というものを弱いほうからのみ考える。

信念ができると自分で意識的に努力しなくても強い強い方面から、思うなと言ったって思い、考えるなと言ったって考えるようになっちまうんだ。

だから、最初のうち慣れない間はヒョイとすると、そんなこともめったになかろうと思うけれども、恐怖観念があなた方の心に出たような場合は、こいつは大変だというふうに考えないで、強い言葉で打ち消してしまいなさい。

「何だ、このくらいのこと」と。

それを、時とすると随分誤った同情をするからいけないんだよ。

「他のこととは違うぞ、俺はまだ天風さんのように偉くならないんだから、こいつは怖れずにはいられねえ」とかというふうに。

もうそのときは駄目だよ、めちゃめちゃだ。

大変な大きな誤りから出発することになる。

良い方向に転換なんかしやしねえ。

だから、万が万一、恐怖観念が発生するような場合があったら、積極的な考えで吹き消してしまえばいいんだ。

何のために俺は修練会をやったんだ。九日間の間、俺の心は焼き直されているはずじゃねえか。立派な焼きが入っているはずだ。元のなまくらになる必要がどこにあるんだ。

第一そういうような気持ちが出なきゃ駄目なんだよ。

そういう気持ちを出すのには始終この勇気を煥発することを努力しなさい。

人間の気持ちの中に勇気というものはどんな人間にでもあるんだぜ。

切羽詰まりゃ必ず勇気が出てくるんだ、人間というやつは。

窮《きゅう》すれば通《つう》ず。

そして勇気の極致は、なんと安定打坐《あんじょうだざ》のあの境涯と同じなんだよ、知らなかったろう。

私も知らなかった。

勇気とは頑張ることだと思ったら、違うんだよ。

頑張る間はまだ勇気への過程なんだ、パッセージなんだ。

本当の勇気は、虚心平気《きょしんへいき》の大境涯に入ったときだ。

執せず着せず不即不離《ふそくふり》。

事あるも事なき日のごとき状態の心こそ、まことの勇気。

事あるも事なき日のそれと同じ心だったら、事あるも事なきも同じだ。事あるも事なきも同じことなら事なきと同じだ。

勇気さえありさえすれば、こんな講演聞く必要ないくらいだ。

「勇気は常に勝利をもたらし、恐怖は常に敗北を招く」

私はね、十二人の馬賊に囲まれたことがある。

一瞬、「あっ、駄目か」と思ったんだが、そのとき、

「くそ！　こん畜生、こんなやつらにたたき殺されてたまるかい、バカやろう！」

と思ったらなんとまあ、自分でもあきれるほど、つまり勇気だな、今考えてみると。

なんとなく気持ちの中に、そのとき私が思ったのは、

「俺は六つの年からこういう場合に役立つために日本刀を扱うことを習って覚えてきた。こういう場合に役に立たせなかったら、六つの年から営々として研ぎ上げた自分の武術なんて何の目的

かわからねえじゃねえか」

と思ったらもう勃然《ぼつぜん》たる勇気。

そうしたら今度自分の、荒れ狂いながら片っ端からバタンバタン斬り倒すときの、そのなんとも言えない愉快さだけが味わえた。

恐ろしいという出来事は、自分が怖れるほどありはしない

だから、とにかく、とにかくだよ、理屈なしに勇気を失う勿《なか》れだよ。

こう言うと、「そいつはごもっともだけれども、失う勿れっていうのはある者の言うことで、わたしゃ勇気なんていうのはこれっぽっちもねえや」、なんていうふうに考えている人がある。

それが嘘か本当かということは、こういうことをやってごらん。

あ、やっぱり心の中に勇気あるんだということにすぐ気がつくのは、第一の心得は、この世の中の出来事には、そうめったに恐ろしいということが自分の怖れるほどありゃしないんだってこと。

相当今まで人生に生きているとき、おっかねえなとか恐ろしいなと思ったことがあるだろう。思ったほど、それじゃ、恐ろしいことができ上がっているかというと、でき上がってねえじゃねえか。

ただ、その瞬間思っただけじゃねえか。

自分の過去にさかのぼって考えてみればすぐわかるだろう。

そうすると、なるほどそうだと思うだろう。

そこにまたこういう諺《ことわざ》もあるね、「案ずるより産むが易し」。

これはもうお産に対する女の気持ちを、怖れるなという意味でつくった言葉でしょうけれども、すべてにこれは応用ができる。

それから、第二に必要なことは、できるだけ自分の勇気を煥発するような、本を読んだり、話を聞いたり、それから勇気のある人と付き合うようにすること。

貧乏人が貧乏人と話が合うように、臆病なやつは臆病な者と話が合うからいけないんだ。すぐ相づちを打って調子が同じような調子だと、なんだかばかに気が合ったように感じるだろう。

それがいけないんだよ。

「しっかりしろ、そんなこと、なんでぇ」っていう人間でいなきゃ駄目なんだよ。

「いや、もっともだよ。いくら偉そうなこと言ったって、おっかねえからな、歯の根も合わない(寒さや恐ろしさのためにひどくふるえる)だろう」なんていうことを言うのに、「ああ、そうだよ」なんてことを言うお互いが、それがいけないんだ。

そもや我が大日本国の民族は、由来、勇気凜々《りんりん》たる民族であったはずだ。

今の日本人、見るから駄目なんだ。

勇気を持つ点においては、世界の他のいずれの国民よりもはるかに秀でたはずだ。嘘でない証拠は、国始められて数千年の歴史の中に、この小さな国を、昭和二十年八月十五日までは誇り高く独立国として守り抜いてきているじゃねえか。

たいした金もなく、たいした軍備もなくても。

昭和二十年八月十五日にボカーンと大きな穴があいたのは、あの時代の国守る人々の勇気が欠けていたからだ。

「そうじゃありませんよ、金がなくて軍備がなかったからだ」とは言わせない。

もう昭和二十年の一月以後というものは、戦う者の勇気なんか何もありゃしねえんだ。みんな声悄然《しょうぜん》、青菜に塩のごとし。

それが日本にえらいいいお灸になってくれて、そして今まさにまたこういう気持ちが日本人に改めて奮い起こさせられるようになったことは、まことに嬉しいことでありますけど。

さあ、日本人の本然《ほんぜん》の昔に返って、全世界を日本人の真心の籠もった勇気で統一するように、我ら天風会員、まずその先達《せんだつ》となろう。

「勇気の誦句」

誦句を与える。

「勇気の誦句」

自分はこの世に作られたものの中で、一番優秀な霊長といわれる人間ではないか。しかも人間の心の力は、勇気というものでその圧力を高めるのが、人の生命に与えられた宇宙真理である。だから今日からの自分は、如何なる場合にも断然勇気を失うことなく、特に自己の本能や感情の中で、自他の人生を泥ぬるが如き価値なき低劣な情念が発生したら、それに立派に打ち克ち得る強い心を作るために、大いに勇気を煥発することに努めよう。

そうだ　終始一貫　勇気勇気で押し切るのだ。

さあ、ついておいで。

勇気の誦句

一同　勇気の誦句

自分はこの世に作られたものの中で、

一同　自分はこの世に作られたものの中で、

一番優秀な霊長といわれる人間ではないか。

一同　一番優秀な霊長といわれる人間ではないか。

しかも人間の心の力は、

一同　しかも人間の心の力は、
勇気というものでその圧力を高めるのが、
一同　勇気というものでその圧力を高めるのが、
人の生命に与えられた宇宙真理である。
一同　人の生命に与えられた宇宙真理である。
だから今日からの自分は、
一同　だから今日からの自分は、
如何なる場合にも断然
一同　如何なる場合にも断然
勇気を失うことなく、特に
一同　勇気を失うことなく、特に
自己の本能や感情の中で、
一同　自己の本能や感情の中で、
自他の人生を泥ぬるが如き
一同　自他の人生を泥ぬるが如き
価値なき低劣な情念が発生したら、
一同　価値なき低劣な情念が発生したら、

それに立派に打ち克ち得る強い心を

一同　それに立派に打ち克ち得る強い心を

作るために、大いに勇気を煥発することに努めよう。

一同　作るために、大いに勇気を煥発することに努めよう。

そうだ

一同　そうだ

終始一貫

一同　終始一貫

勇気勇気で押し切るのだ。

一同　勇気勇気で押し切るのだ。

昭和三十九年（一九六四年）　京都

第十二章

想像力の誦句、理想の誦句

高級なる想像と気高い理想

理想とは、自己を生かす宗教のようなもの

今日の悟りの題目は、「理想と摩訶《まか》力」という。

摩訶という言葉は、もう既に諸君のご承知のとおり、超特的《ちようとくてき》偉大なものを意味する形容詞であります、摩訶というのはね。

これより以上大きなものはないという形容をしたときに摩訶というんです。

理想のもたらす人生への大きな事実からそういう形容詞を私がつけたのではなく、理想の摩訶力というものはヨーガの哲学の中にあるのであります。

そこで、この間も神戸で井上さんが、「人々は、理想、理想と口では言っているけれども、理想とは何だということをちっともわからずに言ってるじゃないか」と言った、あの一言の中には千万無量の意味があったんだけれども、さて、聞いてた人があれをわかって聞いてたかな。

控室にいながら、娘と顔を見合わせてからに、あの先を言うのかと思ったら、さすがやっぱり井上さん、私がどうせここで言うから、ただそれだけのことを言って、理想というものを考えさせたところに、井上さんの説き方の巧妙さがあると思ったんだが。

理想というのは、心理学者はこう言っています。

「継続せる組織のある連想」、もう一遍言いますよ。「継続せる組織のある連想」。

これを易しくかみ砕いて言うと、ある組み立てのある考え方がそのまま継続されている状態を

理想と言う。

だから、純粋哲学の立場からこれを論じると、理想というものは立派な自己を生かす宗教だと言えるのであります。

自己を生かす宗教。

もっとも、現代人の考えている宗教は、自己を生かされるためにあるものが宗教だと、こういうふうに考えているから、自己を生かす宗教というような言葉はピンとこないかもしれないけれども。

天風哲学を講習会でもって聞かれている人々は、人生はどこまでも生かされる人生であっちゃいけない、生きる人生でなきゃいけないということがわかってますね。

天は自ら守る者を守りたもう。

天風会に入る前のあなた方はおそらくは、自分で自分を守る守り方を知らないから、何でもないときにはとにかく、矢でも鉄砲でも持ってこいとまではいかなくても、別に、人を頼ろう、神を頼ろう、仏を頼ろうなんていうような気持ちは出なかったかもしれないけれども、何かそこに、体が悪くなるとか、あるいは運命でも少し間違ってくるてえと、もうすぐそれを自分で処理して抜け出ようという気持ちはちっともない。

そんな気の起こらないのは抜け出ることを知らないからで、すぐ助けられよう、救われようと、依頼心ばかりが盛んなんで。

だからしたがって、自己を自己が本当に守っていく、それが本当の宗教だということは知らないんだよ。

特にこの日本には、聖徳太子が百済《くだら》から仏教を入れてから、仏教そのものに、もう既にインドから支那に入ったときに大乗教と小乗教があった。

大乗教というのは自立教で、小乗教というのは他力宗であります。

その他力宗のほうがどうしても、その当時のいわゆる自分で自分を守る分別のなかった、何事も他人の力で生きていこうとする時代の人間には歓迎されたのも当然でしょう。

その当然な、民族から歓迎された他力宗の仏教の感化をだいぶ現代人は祖先以来受けていて、今でも何かあるとすぐ、助けられたい、恵まれたいと、自分の力で自分を救い上げて導いていこうというような、人間としての本当の自覚がなくて、すぐ、自分以外の人間の力なり神の力に頼ろうとする。

これは、あなた方自身が自分自身で考えてごらん、そうであるかないかを。

そのときにだ、確固不抜の理想、いわゆる組織の完全に具体化された考え方思い方が、いっこう変えない状態で自分の心にあったら、そのもの、それ自身が自分の人生を立派にリードして、そして自分というものを、どんな場合があろうとも迷わせないで、ちょうど立派なレールの敷かれた上を快速力で列車が走ると同じような状態で、人生を生き抜いていかれるわけだ。

それはなぜかというと、今言ったとおり、継続せる組織のある連想というもの、いわゆる言い換えりゃ理想というものほど、人の心を勇気付け、また積極化すものはないからであります。

だから、もしもあなた方の心に、講演を聞いたときにはばかに勇気があるんだけども、そうでないときには何かのことがあるとすぐ勇気がくじけちゃって、することなすことが積極的でなきゃならないということがわかっていても、なかなかそうなれないのは、理想というものが確固不抜の状態で心にないがためなんだぜ。

これをよく聞きながら自分自身で考えなさい。

現代の人間たちは、何か自分が思い立った、考えついた、やってみようかいなというような気持ちの出た事柄でも、長続きしないもん。

長続きしない理由の第一は、思ってみたものの、考えてみたものの、やってみたものの、どうもうまくいかないから、「もう俺はあかんわ、駄目や」と、こういうふうに思うからいけないんだよ。

それは理想じゃないもん。

ただ夢みたいな、うわ言みたいな気持ちをただ心の中に描いただけだよ。

理想というものには信念が必要なんですよ。

信念がつかないと、どんな故障がそこに出ようと、文字どおり万難を突破してもその理想の完成成就へと勇往邁進《ゆうおうまいしん》しようとする力が、いわゆる分裂しちまうんですよ。

ところが、信念が出ると、理想の完成成就へと勇往邁進させる力が、その心にひとりでに持たせられるというより、ついてくると言おう。

それはね、どんな場合でも必要なことなのよ、これは。

だから、理想のある者は、立派な自己をつくり上げる宗教だという哲学の言っている言葉は、まさに確かにそうだとうなずけるでしょう。

だから、反対に、なんらの理想のない人生に生きる人は……案外理想もなく生きている人が多いんだぜ。

あなた方は、何か理想があるように自分で思っていても、それが理想になっていないんだもの。

ただ「こうあったらいいな」というような考え方だけしかないんだよ。

それは理想じゃなく欲望だもの。

そのくらいの欲望は野蛮人だって持っているんだよ。

持ってりゃこそ、この時代がここまで進化してきてるんだもの。ああなりたいな、こうなりたいなという気持ちが、時代を進化せしめる宇宙真理の流れに乗ってきているんだから。

人間があぁなりたい、こうなりたいという気持ちがなかったら、この世の中は進歩しやしねえ。

しかし、理想というものはそれより以上のものだ。

継続せる組織のある連想なんだから。

だから理想のない人生に生きる人というのは、はかない人生に生きるべく余儀なくされちまうんだよ。

反対に、立派な理想を持っている人は、今言ったはかない人生の反対だもの、きわめて繚乱《りょうらん》たる光輝《こうき》ある人生に生きている。

お頼み主義の信仰は必要ない

だから、本当の理想を持つ人は、断然どんな場合があっても、自分以外の人間や、あるいは神や仏というものを頼りにしません。

もっとも、神仏というものを頼りにする気持ちが既に間違っているんだもの。

神仏というものは、崇《あが》むべきもの、尊ぶべきもの、いわゆる尊敬するべきもので、頼るべきものじゃないもん。

頼らなくても、神仏によって我々は人間に生みつけられているんだもん。

一体神仏というものに対する考え方が非常に間違っているということは、修練会でもってはっきり言うてあるから、諸君はよくおわかりになっているがね。

だから、立派な理想を持っている者は、何も改めて何の神様だ仏様だという、今までの多くの人々の考えているようなお頼み主義の信仰をする必要はないんであります。

現代人の信仰というのはお頼み主義だもの。

お賽銭あげて何かお救いを受けようとかご利益《りやく》を受けようとか、そうだろう。

そういう信仰というものは、これは第二義的な信仰で、本当の信仰というのは、造物主であるところの神仏を心から尊敬して、そして自分を人間として生んでくだされた感謝というものを捧げてりゃいいだけなの。

どっちにしても、この見地から立脚して、人生を日々きわめて有意義に生きようとするのには、常に自分の人生理想を明瞭にその心に描いて変えないことですよ。

ちょこちょこちょこちょこ変えちゃ駄目なんだよ。

いたずらっ子が紙に絵描くみたいに、何を描いてるんだかちっともわからない、本人に聞いてみても何か描けるだろうっていうようなつもりでもって描いているのと同じような考え方を人生に持っちゃ駄目だぜ。

案外、いろいろな理屈を言い議論を言う人でも、別にごまかして生きているわけじゃなかろうけれども、どうにかなるだろうというような気持ちで生きている人が多かないかい。

それじゃ人生は有意義に生きられないな。

そして、仮に人生が有意義に生きられないと思ってこの生命を終わるとしたら一体どうなるだろう。二度も三度も出てこられない人生に人として生まれて、棺《かん》を蓋《おお》うて後、死と定まったとき、じっと見てみると、その人はくだらない人生だけで終わっちゃうんだ。

だから、常に理想を明瞭にその心に描いて変えないこと。

しかも、その理想は能《あた》う限りにできるだけ気高いものであらなきゃいけないのよ。

蟹は甲羅に似せて穴を掘る

宇宙霊の持つ限りなき力は、お互い一人ひとりの心の状態を鋳型《いがた》として、これを現実化そうとする自然傾向を持っている。

だから、その理想が確実の姿で常に心にはっきりと描かれているならば、その心に掲げた理想を鋳型として宇宙霊の力は、それを常に現実につくり出してくれるように働きかけてくれるんだ。

これが峻厳なる宇宙法則だ。

それは私が言わなくたって、反対にくだらない人生に生きている人を考えてごらん。くだらないことばかりが心に掲げられているから、それが理想でなくても、それを合図に、宇宙霊の力がその人の人生を現在過去あるがごとく価値のない状態にしているんでしょ。

この反対の事実を諸君は経験して、実際的に自分が実行しているのにもかかわらず、これが考えられないんだよ。

改めてこんな話を聞くまでもなく、はっきりそんなことはわかっているはずなんだ。

だから、それをしも考えたら、「ああ、そうか、なるほどな」とうなずくと同時に、理想を常に気高いものにすることへの努力をしなきゃいけないということに気がつくはずだよ。

ここまで言ったら、もう多く言うまでもなく、理想ってものが人間を偉大にも、はたまたくだらなくもする原動力だとすぐ考えさせられる。

理想というものをあなた方は抽象的に考えるからいけないんだよ。

「俺なんかたいしたものにはならないだろう」と思うことが毎日毎日継続してからに、同じように考えられたら、これが向下《こうげ》的な理想になるんだよ。

なにか理想というものを抽象的に考えるてえと、そうした考え方思い方が理想のほうへ入ってくるとは思わないもの。

継続せる組織のある連想なんだもの。

だから、くだらないことでも毎日毎日考えているとだね、例えば、「こんなふうでいくてえと、いろいろいいということをやっているんだけど、ちっとも治らないところを思ってみると、結局死ぬんじゃなかろうか」なんてことを毎日毎日考えてりゃ、結局それが要するに継続せる組織のある連想。

そうするとそれがやっぱり理想というものになる。idea というのが理想なんだ。

昔から、それをもっと易しい言葉でわからせられてるたとえ言葉があるだろう。

「蟹は甲羅に似せて穴を掘る」っていう。

これは蟹のことを言っているようだけれども、じっと考えるてえと、自分の人生理想を自分自身で自分自身の心の中に取捨判断しないで、めちゃめちゃにただ自分の気持ちの動きだけでもってつくるてえと、標準がきわめてその人の考えどおりの標準になってくるから、それは蟹は甲羅に似せて穴を掘るということになって、その人の人人《にんにん》（各人）の考え方以上には出てこないという意味だ。

蟹は甲羅の大きさだけしか穴を掘らないと同じで、そういう人は自分の心のスケール以上の人生はつくらないということになるんだ。

だから、常に人生理想を気高い標準をもって変更しないでそれを心に描いている人は、遅かれ早かれ、その理想を現実に成し得る資格を自分がつくっている人なんだから。

それはそうだろう、宇宙霊の力がそれにどんどんどんどん注ぎ込まれるんだから。

もっとも、今どきの女の人に「女に理想なんかありませんよ」てなことを言う人はなかろうな。

女だって男だってものを思う心に働きがある以上は、その思い方考え方が継続せる組織のある連想であれば、理想になるんだよ。

理想というのは、今もさっきも言ったとおり、特別な抽象的な考え方で理想という文字を考えちゃ駄目だぜ。

野心的なことでも、不道徳なことでも、継続せる組織のある連想になればこれがやっぱりその人の理想になるんだ。

だから、そういう向下的な理想は、往々にしてその人生の尊さを破壊するおそれがあるから、断然これは心に描いちゃいけないことは多く言うまでもない。

この世に偶然に生まれてきた人間はいない

だから、あなた方が自己の人間というものを考えるとき、その考え方の中に、もしも、人間というものは、何か偶然の動機でこの世に生まれたもので、したがって、静心《しずこころ》なく咲く道端の草花と同じような状態で俺はできたんじゃねえかというふうに考える考え方があったら、その人は駄目だぜ。

けど、おおむね、たいていの人が、自分がある目的を持って生まれてきたという、初めから注文を受けて出てきたことの心覚えがないものだから、あるとき、ある人の家庭に、ある人の子として生まれた自分を、何かひょんな偶然の動機でこの世に生まれてきたように考える人が多かないかと思う。

だから、そういう人に限ってからに、「この次は、俺はもっと金持ちの家に生まれてこよう」とか、「この次はもっとべっぴんになって生まれてこよう」とか、「この次はもっと頭のいい人間になって生まれてこよう」なんていうふうな、当てもない当てを心の中に。

これは欲望だわね。

決して、人間、この世に生まれたのは偶然に生まれたんじゃありゃしない。

一人ひとり人間として生まれた者は、それぞれ造物主の意図によってつくられた尊いとも尊い。

人間一人がこの世に出てくるにつけては、最初、あなた方というものが母の胎内で受胎されるときに、仲間が一億以上いたんだから。

今年（昭和三十九年）の東京オリンピックの開会時のあの入場式を見たときに、随分人がいるなと思ったろうが。

あれの倍ぐらいの精子が、あなた方も精子だったんだよ、我々が医学を研究している時分には、虫だった、精虫だったけれども、このごろは精子と言っています。

それで、あなた方だけが選ばれて、あとの何億何千はおっ母さんのお腹の中にある検査官である卵子というものからポイ食ったんだ。

「駄目だ、これは」って。

それで「おまえはいいよ」というのがあなた方なんだ。

だから、ほかはあんまりできよくなかったんだろ、これがあなた方なんだから。

しかし、その厳粛な事実を考えると、偶然の動機でこの世の中に出てきているんじゃなかろうが。

それを何か偶然の動機でこの世に出てきているように思うから、

「生きるときに、苦しい生存競争に、何で人間は追い込まれるんだろう。しかし、生きている以上は嫌々ながらこの生存競争から逃れ能わぬものだからなぁ。しかし、嫌だなぁ」

というような考えを持つてえと人生というものは、苦しみばかりが多くて楽しみの少ない人生になっちまう。

負担と義務ばかりが非常に多くて、本当はそうじゃないんだけども、考え方がそうなっちまっているから、どうしてもそうなると、結局人生は苦の娑婆《しゃば》、悩みと悶えの淵から浮かび上がることはできない、とこうなる。

ところが、そういう人が多かないか。あなた方どうだい。

もう、こんなことをあなた方に言うのはお釈迦様に説法をしているようなものだけれども、人間は万物の霊長だから、もっと程度の高い豊かな生活ができるようにできているんだから、それをそうするのには、まず何よりも先決問題として、「物質的な豊かな生活を希《こいねが》うのなら、一番先にその土台を固めるために、精神生活を豊かにしろと先生が言ったが、そいつを忘れちゃった」というふうに気がつかなきゃ。

それで、その心の生活を豊かにするのには、何をおいても、理想を気高いものにしなきゃ駄目なんだよ。

ただ心の生活を豊かにしたい豊かにしたいと思ったって、理想を気高くしない限りは、心の生活は豊かになりませんよ。

その代わり、理想が気高くされて心の生活が豊かになれば、宇宙を司る宇宙霊から積極的な力と恵が、ぐんぐんぐんぐん、変な言葉を使うようだけど、断り切れないほど我が命の中に注ぎ込まれるんだ。

注ぎ込まれるような器を用意したのと同じことになるからなんだ。

これをなぜもっと信じないかって言うんだよ。

信じても信じなくても、そうなるのなら信じたらいいじゃないか。

それをただ話として聞いていて、中には滑稽なやつになると、これは関西にはいなかろうけども、「先生のように偉くなりゃ、そうなれるけども」ということをすぐ言うやつがあるんだけど、とんでもないことだよ。

先生のようになりたかったら、そうすりゃいいだけなんだよ、私の言ったままを。

「不孤」〜ひとりぼっちじゃないよ人間は

そういうふうに気持ちがはっきりと私の教えに従うようになると、世の中の人々がいたずらに運命や不幸に悩むとき、あなた方だけは常に優れた恵まれた人生に生きられることになるんだぜ。

健康上の失敗でも、運命上の失敗でも、何ぞはからん、いつもこれは言うてるとおり、自分が知らないときに蒔《ま》いた種に花が咲いて実が実っているということを、強く責任感を感じて悔い改めなきゃいけないいんだよ。

だから、とにかく、常に優れた恵まれた人生に生きるようにしたかったら、今も言ったとおり、心の生活を豊かにするためへの理想を気高いものにすると。

それには、自分はどんな場合があろうと宇宙霊と一体である。

思考作用の暗示の誦句を覚えているだろうが。「吾《われ》は今、宇宙霊の中に居る。吾は又、霊智の力と倶《とも》に居る」、こう教わったじゃないか。そいつを忘れちまうんだもん。

それさえ忘れなかったら、どんな健康的な出来事があろうと、運命的な出来事があろうと、自分は孤独でないということがわかりそうなものだ。

おとしの私、誕生日の、あなた方の記念品に、扇に「不孤（孤ならず）」と書いてあげたろうが。

「不孤」というのは、ひとりぼっちじゃないよという意味なんだ。ひとりぼっちじゃないよという意味は、おまえには宇宙霊がついているよ、おまえは宇宙霊の中にいるんだよと。

ところが、目に見えないと、あなたは自分のわきに何にもいないと思っているんだよ。

私はインドでこういうことを言われたよ。

「おまえ、いくら偉そうなことを言ったって、自分自身は見えないだろう」って。

「冗談でしょう。文明の世界には鏡というものがあるし、野蛮の世界にしたって水に映る自分の姿を見りゃ自分の姿が見えるじゃありませんか」

「そりゃ姿が見えるだけじゃないか。自分が見えるかい。自分の姿が映っているのを自分が見ているんじゃないか。自分が自分の本体を見ているか」って。

一本参っちゃったよ。

それと同じように、この造物主の力も、見えない力だ。見えない力だものだから、自分がしょっちゅう見えない力と一緒にいるということを忘れちまうんだよ。

それというのも、平素の人生に生きる場合のあなた方の考え方の中に、哲学的な思想がないからでもあるけれども。

常識で考えてごらん、入り口のないところに出口はないはずだ。いい言葉だぜ。こういうのが本当の哲学的な言葉っていうんだ。

入り口のないところに出口はない。もっとわかり易いことを言えば、水源のない川はあり得ない。もっとわかり易いことを言えば、泉から湧き出ない渓流はないんだ。

小さな木の葉の下を流れているあの水の流れ、あれはひとりでに木の葉の下から湧き出ているんじゃないぜ。ちょろちょろちょろちょろ泉というものから迸《ほとばし》り出ているんだ。

インドのヨーガの哲学ではこう言うんだ。

「水車は水が流れなきゃ回らないよ」と。

何の意味だろうなと私は思ってみたら、結局要するに、人間が健康や運命の良き状態で生きようと思ったら、そうした水を流しゃその水車は回るという意味なんだ。

だから、どんな場合があっても、改めてきつく言う。

自分は宇宙霊と一体だということの信念を持たなきゃ。

忘れていたろう。

どんな場合にでもだよ。

理想と空想を混同するな

どんな場合にも、自分が宇宙霊の力と結ばれていることを明瞭に意識する秘訣はね、別に難しいことでも何でもないんだよ、その秘訣を忘れちまうからいけないんだよ。

宇宙霊の力を、分量多く受け取る完全な準備をしょっちゅう自分の心に持たせておかないといけない。

準備しないでもって結ばれているということだけ思えということとは、いくら真理であっても、あなた方には思えないだろうね、準備しないと手応えがないもの。

それがいわゆる理想をしっかりと持っていろということになるんだよ。

だから、あえて断わる必要もないけども、理想というものはできるだけ真実なものでなければならないということは、これはもう言わずもがなよ。

空想であっちゃいけないよ。

とかく理想と空想とを混同してしまうことがある。

空想というのはできない相談だよ。

「先生が理想は継続せる組織のある連想と言うから、ひとつ、努力しないで、働かないで、朝から晩まで自分の好き自由なことがしていけるように、わんさと金儲けてやろう」

そんなことありゃしない、それは空想だもの。

例えば、自分の健康に関する理想でも、また職業上のことに関する理想でも、すべての場合を通じて、真実であり得ることを標準としなきゃいけないよ。

だから、あなた方があなた方の人生に何か不足なところがあって、もっとそれを完全なものにしたいと望むことがあるのなら、一番手っ取り早くそれが自分のものになった姿を理想の上に描き出すことなんだよ。

体が悪かったら、体の悪い状態をしょっちゅう考えないで、もう治った健康な状態を自分の理想の姿の上に描かなきゃ。

運命もまたしかり。

どうだい。

これを私はインドで言われて、

「ああ、そうか、俺は、朝から晩まで、現在の病人の自分の姿ばっかり念頭から離れなかったんだけども、ああ、それがいけないか。颯爽として健康美を発揮したときの状態を心に描けば、そうか」と。

それがね、絵を描いたり字を書いたりするときにはでき上がったことの姿を心に描くからできるんだね。

絵でも字でも、でき上がった後の姿を心に描かないで書いている字でも絵でも見るに堪えないじゃないか。

もっとも、そうは言うものの、あなた方が字を書いたり絵を描いたりするときには、結果を考えないで、どうにかなるだろうと書いている人が時にあるようだな。

私は夏の修練会に、今年の東京なんかね、考えても千三百枚書いたよ、たった六日間に。けどね、よくまあ書いたなと人は言うけど、書けますよ。

画仙紙なり色紙なりをじっと見ていて、そこに私の心で書いたものが出ているもの、そいつを上からなぞりゃあいいだけなんだ、私のは。

あんた方のはそうじゃない。物を見といちゃ、それから何を書こうかいなと考えてから、書こうというものを心でもってそこに書いてりゃいいけど、書かないもの。どうにかなるだろうと。だもんだから、何枚も書いちゃ、書き損なって消しちまうような場合がありゃしない？

特に病を持っているときは、なかなか普通の凡人には、丈夫になった後のことを考えられないという、感覚的な方面からの妨害でもって、私なんかにも経験があるが。

しかし、そこでよく考えてみなきゃならない問題がある。

これは、私はインドで言われてハッと思ったんだよ。

「寝ている間は、どんな病人でもよく寝ている間は、何の苦痛もないんだ。病体であろうと健康体であろうと、よく寝ている前後も知らないときは、何にもわからないんだ。それと同じ気持ちを不健康のときにも持ったらどうだ、昼間」と先生に言われて「ああ、そうだな」と。

それができないと言った限りにおいてはあくまでもできないよ。

できないこともやってみるという気持ちが継続されると一つの理想になる。

だから、諸君の描いた観念が継続する組織を持っていくと理想になるんだから、まず第一番に自分の心に描く観念を完全であらしめなきゃいけない。

すると、理想も完全になる。

理想が完全になれば、結果の事実も驚くべき完全さで我々に臨んでくれる。

絶えずその理想へ向かって意志せよ

だから、これを忘れちゃいけないよ。

理想というものは、よしんば、その事柄がまだ理想するところに到達しなくても、健康のことでも運命のことでも、先生がその辺を考えろというから考えているんだけど、まだなかなか病気が良くならないとか、まだなかなか運命が良くならないとかというふうな考え方をしちゃ駄目なんだよ。

それが焦りというので駄目なんだよ。

例えば、これから東京へ行こうとするときに、東京に向かってからに、まだ着かない、まだ着かないという気持ちで歩いているときと、悠々として時来たらば着くという気持ちで歩いているときと、同じ歩いている場合でも、その歩くことに対する人間の気持ちの中の相違が、天地の相違があるだろう。

だから、理想は、よしんば、そのことが理想するところに到達しなくても、絶えずその理想へ意志するということ。

いい言葉だな。

絶えずその理想へ意志するということ、気持ちを変えないということが、その人生を尊く生かすことになるんだ。

これがわからなきゃ駄目だよ。

いいかい。

今の東京行きで話してみよう。

東京へ行こうと思って東京へ向けて出発したときは、もういつか東京に着くに決まっているんだから、東京へ着いたときと同じ気持ちを持っていればいいと、こういう意味だよ。

これは非常な哲学だぜ。

理想するところに到達しなくても、絶えずその理想へ意志するということが、その人生を尊く生かすことになる。

だから変えちゃいけないんだよ。

東京へ行こうと思って歩き出してからに、まだなかなか着かないからっていってからに、止まっちゃったり、あるいは引き返しちゃったら何にもなんねえだろう。

理想の土台となるものは想像作用だ

さっ、そこまでわかったら、今度は理想をつくる一番土台となるものは何だろう。

こんなに嚙んで含めて教えてくれる人があるかってんだ。

これは、私自身が迷ったから、それであなた方にも迷わせたくないから言うんだが。

理想を形づくる根本要素は、誰にでも生まれながら与えられたものが心にあるんだ、何だろう。

想像作用だよ。

その想像作用を応用するんですよ、理想というのは。

想像の作用というものは、人間の観念活動の中に何人《なんぴと》にでも存在する心理現象だ。

想像作用のない人間はありゃしない。

我々の心はいつも何事かをその心で思っている、考えている。

その思いや考え方の中に、現在の事実を中心としてそれをいろいろと心の中で脚色して、あるいはそれを伸ばしてみたり縮めてみたり、または全然現在の自己の人生に存在しない事柄をも、いろいろ広く大きくああだこうだと思い考えること、これを想像と言う。

てなことは小学校のときに教わってらね。

「想像の分量の豊富なときに書いたものは、期せずして人の心を動かす力がある。そういうものを世間の人は、名編とか名小説とか、褒める言葉を使うけれども、だから、文豪というのは想像力を普通の人よりも豊富に持つ人のことだと言ってもいい」

とこういうことをゲーテが言っていますが、これは確かにそうだと言える。

要するに、詩人は詩的に、哲学者は哲学的に、普通の人よりも高級な組織的な想像がしょっちゅうその心の中に組み立てられているから。

つまり、想像の内容が、そういう人々の想像には統一されている想像があるからです。

だから、有名なリンドラーという心理学者は、人間の心に想像という作用があればこそ、人間が進歩するんじゃないか。いわゆる人類進歩の源泉だ、と言うんだ。

だから、人がもしもその心に想像の作用がないならば、おそらく芸術も科学も哲学も宗教も、否、あらゆる一切が何の進歩をも、こんにちのようにつくっちゃいないだろう、と。

これはまさに確かに立派な真理をうがった言葉ですが、実際この想像の作用にはね、理想をつくり、人格をつくり、あるいはその人の運命をつくるというような、あらゆる影響を一番先に堅固な礎《いしずえ》で土台を組むと同じような大きな関係がある。

ただ、この想像作用には、これもあなた方は気がついていないけれども、過去及び現在の人生経験と、もう少し難しい言葉を使えば、人間の全観察を土台として、それを入念に組織的に合理化して考えるという心の状態ではないので、おおむねは自分の希望する人生状態や日ごろ自分の心に、ああなりたいな、こうしたいなという事柄を、ややともすると無制限に拡大して引き伸ばして考えるという場合が多いんです。

今言ったとおり、過去及び現在の人生経験と同時に、それに対する全観察を土台として組織する場合の想像なら、これは別物だけど、そうじゃなく、たいてい、あなた方の想像するのは、ああなりたいな、こうなりたいな、あれが欲しいな、これが欲しいなということをややともすると無制限に自分自身で、誰も制裁する者がないから、「そんなこと考えちゃいけない」なんてことを言う人はいないから、それを拡大して考えている場合が多いだろう。

これは注意しなきゃいけないんだよ。

ただ想像を組み立てろといって、やたら馬車馬的な想像じゃいけない。

それを考えないでやっているてえと、想像している事柄の種類によっては、反対に人格を向下《こうげ》し、品性を堕落せしめ、運命をこぼち、人生を価値なくするおそれがある。

取り越し苦労は想像作用の悪用

私が講習会で説く「積極観念の養成法」の第四番目は何だったろう。

第一が「内省検討」だったね。第二が「暗示の分析」だったな。第三が「交人態度」、人と交わるときの態度。第四番目、何だろう。

「苦労厳禁」。この苦労厳禁の苦労の中に三とおりある。

過ぎ去ったことを思い返して苦労する苦労、これは死んだ者の年を勘定するようなもんだ。「ああ、あのとき、あの財布拾っときゃよかったな」なんて思うのは、これはどうにもしようがない苦労だ。

それから、現在苦労。たった今の人生に対する苦労。

あの取り越し苦労などという価値のない心理状態のごときは、この想像作用の悪用なんだよ。

それから一番いけないのが取り越し苦労だと言ったね。

「ああ、この分でいくてえと、この病が治らないと結局長いことはない」とか、「内緒で貯めてるあの貯金どうなるだろう」とかっていうようなことを考えるのが取り越し苦労や。

これは想像作用の悪用だ。運命のごときも、「この場合でいくてえと、これは駄目だな。この頃はやる倒産の仲間に入っちまいやしねえか」なんていうように考えるのが取り越し苦労だ。

私があの日露戦争のとき軍事探偵していて、もしもここに忍び込んで見つかったらどうするだろうとか、目的物を首尾よく取れるかしら、ああじゃねえか、こうじゃねえかと考えたら何も持ってこられねえんだ。そういうときには想像作用を悪用しませんよ。

だから、想像作用を善用しなきゃ駄目だよ。

善用するには程度の高級なものを組み立てるようにしてごらん。

程度の高級なものを想像するようにするんだよ。

そうしないと、自分の心の持つ想像作用を悪用すると、自己というものを惨めなものにしてしまうんだよ。

第一、この想像作用というのは、今も言ったとおり、何の制裁も与えられないからね。観念の世界は自由なんだから。何を思ったたっていいんだから。

「おまえ、そんなこと思っちゃいけないよ」ということ、直接に法律に触れる気遣いはないもの。けれども、直接触れる気遣いはなくても、何の制裁もないように見えていても、実はあるんだよ、宇宙霊の力の見えない制裁が。

いくら観念の世界は絶対自由だって言ったってさ、人と人との仲間における自由さがあるだけでもって、だから、至極わがままにできる点があるという一方においてからに、欠点がある。欠点だ、これは。

だから、よほど慎重に自己監督を施して想像というものを心の中で描かないと、いつしか自分の心の中の想像の作用が、これはもう、手綱《たづな》を放した馬みたいに奔放的な好き勝手なことを思ったり考えたりするからね。

想像の作用は理想をつくる下絵と同様なものだということがわかったろう。

下書きがはっきりしなくて上書きができるかっていうんだ。

ということを考えるとき、これはなるほどそうかということを考えられるじゃないか。

例えば健康に関する想像のごときも、ただ単に体を丈夫にして好き自由な肉体的享楽をほしいままにするというがごとき、これは奔放的な想像は第二義的。

すべからく健康な体軀《たいく》をつくって人の世のために尽くそうと、この今までの経験を生かしてからに、世の中には病人も多いから、病になったら、私の今まで悟らなかったときのような過《あやま》ちをしないで、天風会で教わったような新しい心になって、自分の健康を本当につくるような力を命の中に呼び寄せなさいというふうに教えてやろう、というふうな気持ちを持ちゃ、これはもう立派な想像だ。

また、人生事業に対してもまたしかり。

富や地位をつくって自分の人生欲望だけを十二分に満たすということのみを想像すると、これは断然、排斥《はいせき》すべき向下的想像だよ。

よろしく健康想像と同様に、金をつくって人の世のために尽くす仕事をしようと、こうなれば本物だ。

また、そうしなかったら、その人にどんなに金ができても、その金はその人を本当に安定した幸福を感じさせない金だけになるんだよ。

つまり、要するに、月並みなことを言うようだけれども、モデルが完全であってこそ作品も完全なんだ。

想像は詰まるところ人生形成のモデルなんだ。

だから、心の中に想像の絵を立派な状態で常に描くことに心がけるならば、我々は、自己の肉体はもちろん、人生の一切をきわめて有意義に、自然がつくってくれる。

なぜかといえば、立派な作品を完成させる土台ができているんだから。

だから、人生の真理まさにかくのごとしと正しく理解したら、まず我々は、自分の心をできるだけ汚さない、最高最善のものにしておくことが何よりも必要ね。

言葉と同じように、この想像というものは十分慎むべきことなんだよ。

だから、想像を、かりそめにも、怒りや悲しみや怖れはもちろん、憎しみや妬みや、さらに貪欲や身のほどを忘れた不当な不正な希望というような、人生を泥塗るような汚い毒汁で汚さないこと。

本当に明るい朗らかな活き活きとして勇ましい想像。

注意しないと、その想像の中に、怒りや悲しみや怖れや憎しみや妬みや、さらに貪欲や身のほどを忘れた不当や不正な希望が入ってくるよ。

汚い毒汁だ。

注意しないと、長い間のよくない習慣がそういう価値のない想像をたくましゅうして、それがいわゆる自分の生命の全体を泥塗っちまう。

不健康とか、失敗とか、煩悶とかというような、人生になくてもよいものが自分の人生に生まれてきたもとは、そういうところから芽生えてきているんだよ。

だから、こうした事実を考えると、自己の想像作用をもっときれいなものにすることを第一に必要とする。

そうすると理想も高級になる。

そしてまた人生も高級になる。

これは神秘でも不思議でもない。

そうした摩訶力は宇宙から人間の生命に与えられようと用意されているから。

絶え間なく永遠に伸びようとする、また広がろうとする人間の生命の本来に与えられた自然からのお恵みなんだ。

これが尊厳犯すべからざる宇宙の法則。

「想像力と理想の誦句」

想像力と理想の誦句を与える。


「**想像力の誦句**」

私は今正に喜びと感謝に満たされて居る。それは神は人間の心の中に、想像という特別の作用を賦与《ふよ》して下されて居るからである。そして神は、常に吾々《われわれ》を吾々の想像する観念通りの世界へと、真実に導き入れるべく　その準備を尽されて居る。

だから心して想像の作用を正確に応用すれば、それはとりもなおさず　幸福の楽園へのよき案

内者を作ったのと同様である。

かるが故に、私は、能《あと》う限り可能的で高級なる想像の絵を心に描こう…ハッキリと明瞭に…但しどんな事があっても、夢にも自分の生命を腐らし泥ぬる様な価値のない事は想像するまい。

そして神の定めた約束通り、その想像の中から正しい人生建設を現実化す　気高い理想を作り上げよう。

「理想の誦句」

人の生命は　常に見えざる宇宙霊の力に包まれて居る。

従って　宇宙霊のもつ万能の力もまた、我が生命の中に当然存在して居るのである。

故に　如何なる場合にも　また如何なる事にも、怖れることなく　また失望する必要はない。

否　この真理と事実とを絶対に信じ、恒に高潔なる理想を心に抱くことに努めよう。

さすれば　宇宙真理の当然の帰結《きけつ》として、必ずや完全なる人生が作為される。

今ここにこの天理を自覚した私は、何という恵まれた人間であろう。

否　真実　至幸至福というべきである。

従って　只《ただ》この上は、無限の感謝をもってこの真理の中に安住するのみである。

さあ、これがわかったら、たった今から、健康に対しても運命に対しても、断然今までのような価値のないことは考えない。

今も言ったとおり、健康難に陥《おちい》って病を持っている人は、治った後の姿を心に描きながら、自分が今まで踏んできた誤れる道を、もしも歩んでいる人があったらば、それは間違いだということを知らせるよき経験者としての、私はそういう人をリードする模範的な人間になろうということを心に描け。

運命の悪い人は、運命の良くなった状態を心に描きながら、自分が成功し、自分が本当に理想を貫徹したとき、必ずや人の世のためになることをするんだと。己一人がいいことをするためにするんじゃないんだと。

それから、日常の人生に生きている場合においても、「人よ、かく生きるべし」という、俺は見本を、私は手本を、言葉に、行いに、常にしていくんだと。

良くなってからの後というのを考えるまでもなく、理想は理想に到達しないうちにも、理想する意志をくじかなきゃいいと、たった今先生が言われた。

さあ、たった今から、別人のような気高い人間に、もうなっているという信念で目を覚まそう。

本書は、中村天風財団が刊行するＣＤ『中村天風講演録集「夏期修練会編」力の結晶』全十二巻を編集し書籍化したものです。

本文中、現代の観点からは適切と思われない箇所がありますが、講演が行われた時代背景、当時の学説等にかんがみ、原文（講演）のまま用いたことをお断りしておきます。

中村天風財団（公益財団法人天風会）

〒112-0012　東京都文京区大塚5-40-8 天風会館
TEL：03-3943-1601　FAX：03-3943-1604
URL：https://www.tempukai.or.jp

【天風メルマガ毎日配信】
中村天風一日一話
～元気と勇気が湧いてくる、哲人の教え366話～

天風哲学のエッセンスを毎日一話、
あなたの元へお届けします。
ご登録は中村天風財団ホームページから

〈著者紹介〉

中村天風（なかむら・てんぷう）

1876年（明治９年）７月30日、東京府豊島郡（現東京都北区王子）で生まれる。本名、中村三郎。1904年（明治37年）、日露戦争の軍事探偵として満洲で活躍。帰国後、当時死病であった奔馬性肺結核を発病したことから人生を深く考え、真理を求めて欧米を遍歴する。その帰路、ヒマラヤの麓でヨーガの聖者カリアッパ師の指導を受け、病を克服。

帰国後は実業界で活躍するも、1919年（大正８年）、突如感ずるところがあり、社会的地位、財産を放棄し、「心身統一法」として、真に生きがいのある人生を活きるための実践哲学についての講演活動を始める。同年、「統一哲医学会」を創設。政財界の有力者をはじめ数多くの人々の支持を受け、天風哲学として広く世間に認められるようになる。1940年（昭和15年）、統一哲医学会を天風会と改称。1962年（昭和37年）、財団法人の設立許可を受ける。2011年（平成23年）、公益財団法人へ移行。1968年（昭和43年）12月１日逝去、享年92。著書『真人生の探究』『研心抄』『錬身抄』（以上、天風会）他。

力の結晶

中村天風真理瞑想録

2020年４月30日　第１版第１刷発行
2024年５月24日　第１版第３刷発行

著　　者　中　村　天　風
監修者　公益財団法人天風会
発行者　永　田　貴　之
発行所　株式会社ＰＨＰ研究所

東京本部　〒135-8137　江東区豊洲5-6-52
ビジネス・教養出版部　☎03-3520-9619（編集）
普及部　☎03-3520-9630（販売）
京都本部　〒601-8411　京都市南区西九条北ノ内町11

PHP INTERFACE　https://www.php.co.jp/

制作協力
組　　版　株式会社PHPエディターズ・グループ
印刷所　大日本印刷株式会社
製本所　東京美術紙工協業組合

ISBN978-4-569-84374-2